Kabbalah Egípcia

O Oráculo dos Deuses

Gilberto Luiz Baccaro

Kabbalah Egípcia

O Oráculo dos Deuses

© 2021, Madras Editora Ltda.

Editor:
Wagner Veneziani Costa (*in memoriam*)

Produção e Capa:
Equipe Técnica Madras

Revisão:
Arlete Genari
Ana Paula Luccisano

**Dados Internacionais de Catalogação na Publicação
(CIP)(Câmara Brasileira do Livro, SP, Brasil)**

Baccaro, Gilberto Luiz
Kabbalah egípcia: o oráculo dos deuses/Gilberto Luiz Baccaro. – 1. ed. – São Paulo: Madras, 2021.

ISBN 978-65-5620-020-0

    1. Cabala 2. Cabala – História 3. Cabala – Rituais
    4. Espiritualidade – Filosofia 5. Misticismo
    6. Ocultismo 7. Oráculos egípcios I. Título.

21-67666   CDD-133.14

    Índices para catálogo sistemático:
    1. Oráculos egípcios: Ocultismo 133.14
    Maria Alice Ferreira – Bibliotecária – CRB-8/7964

É proibida a reprodução total ou parcial desta obra, de qualquer forma ou por qualquer meio eletrônico, mecânico, inclusive por meio de processos xerográficos, incluindo ainda o uso da internet, sem a permissão expressa da Madras Editora, na pessoa de seu editor (Lei nº 9.610, de 19/2/1998).

Todos os direitos desta edição reservados pela

MADRAS EDITORA LTDA.
Rua Paulo Gonçalves, 88 – Santana
CEP: 02403-020 – São Paulo/SP
Tel.: (11) 2281-5555 – (11) 98128-7754
www.madras.com.br

Ao amado mestre,[1] que pacientemente me transmitiu seus conhecimentos e experiências.

Meu tributo ao inesquecível, dileto e amado amigo de longas jornadas, Imhotep, que me laureou com a graça da iniciativa deste livro e me levou ao Egito para adquirir o conhecimento suficiente para o início da minha jornada espiritual.

Reconheço, com gratidão, o copioso material e inúmeros livros, universidades e publicações que pude pesquisar com exatidão. E agradeço a muitos amigos interessados que contribuíram direta ou indiretamente para a realização deste trabalho.

Ao querido amigo Helmut von Haxler.

Lembrem-se sempre de uma coisa: por meio da Bíblia, Deus nos mandou a maior e melhor carta de amor que alguém poderia ter escrito.

Gilberto Luiz Baccaro

---

1. A pedido do próprio mestre, e também por motivos pessoais e religiosos do Egito, deixarei seu nome velado. Mas ele, com certeza, foi o homem mais sábio e inteligente que conheci, porque a técnica da Ciência Tehuti, com as práticas, consegue dobrar o nível de consciência de inteligência das pessoas.

Índice

Introdução 9

Prefácio 17

1 – O Início do Conhecimento 23

2 – A Filosofia do Príncipe Siddhartha Gautama e de Jesus, o Cristo. No Aprendizado Universal 33

3 – O Conhecimento da Ciência Tehuti 39

4 – O Conhecimento por meio da Filosofia Religiosa dos Antigos Egípcios 53

5 – Os Deuses Egípcios 57

6 – Os Deuses Egípcios que Um Dia Veneramos, Amamos e Até Idolatramos 77

7 – As Estrelas Egípcias e Seus Números Kabbalísticos em que Um Dia Acreditamos 91

8 – As Estrelas, o Pentagrama e os Deuses Egípcios 107

9 – As Possíveis Previsões do Oráculo 127

Conclusão 141

Fontes Bibliográficas 143

Introdução

Desde os tempos imemoriais, o ser encarnado sempre tentou, de alguma forma, vislumbrar o futuro. Até que é bem possível. Essa curiosidade não é fruto dos tempos modernos, mas nos é relatada desde os primórdios da história do homem.

Existiram e ainda existem no mundo inúmeros métodos que tentam desvendar os mistérios da mente humana, do passado, de previsão do futuro, da morte ou mesmo da vida após essa passagem. Creiam, há métodos muito eficientes para isso.

No decorrer de minhas longas e extenuantes pesquisas, tanto no Brasil como em outros países, e também por meio de muitos mestres, consegui me deparar com médiuns, magos ou bruxos (como eles se denominam) que muito me impressionaram.

A maior e melhor experiência ocorreu-me em 1982, quando da minha estada na cidade do Cairo, onde um amigo, Helmut von Haxler, pesquisador e profundo conhecedor das culturas e rituais ocultistas vastamente preconizados no Oriente Médio em 6 mil anos de cultura, estava naquele momento pesquisando os efeitos psicológicos e culturais das antigas culturas do Oriente Médio para o Instituto de Antropologia da Universidade de Bonn. Juntos trabalhamos em muitas pesquisas no Brasil, no Peru, na Argentina e na Bolívia sobre as diversas culturas espiritualistas existentes no continente americano. Unindo nossos conhecimentos, atentamo-nos naquela época aos muitos rituais brasileiros do Candomblé e da Umbanda, procurando a essência dessas crendices na cultura do século XX.

Podem ter a mais absoluta certeza de que encontramos no Brasil os melhores, se não os maiores, magos e médiuns de todos os tempos. Infelizmente, o brasileiro desconhece seu potencial cósmico capaz de trocar conhecimentos e experiências com seres espirituais, adquirindo sabedoria suficiente para tentar melhorar o mundo. Vejam bem, não é apenas para melhorar nosso país, mas também o mundo todo.

No Cairo, esse amigo me hospedou gentilmente e me contou que estava pesquisando sobre os efeitos mágicos e espirituais na antiga cultura do vale do Nilo, e como esses efeitos tinham uma considerável influência sobre a essência da vida cotidiana do povo egípcio.

Nessa pesquisa, deparou-se com um mago egípcio que provinha da mais pura linhagem egípcia, cuja aldeia natal ficava além da quinta catarata e tinha pouco contato com as culturas europeias. Eles mantinham entre si um dialeto que misturava um árabe arcaico e o aramaico, e poderiam ter em suas veias o sangue mais antigo do mundo, ou seja, o dos faraós.

O ancião não professava nenhum tipo de religião, portanto não era muçulmano nem havia aderido a qualquer tipo de crença oriental ou ocidental. Acreditava na existência de um Deus uno, um ser onipotente que irradiava a vida para todos os confins do Universo e, para isso, não necessitava de nenhum tipo de divindade, mas poderia utilizar-se de mensageiros que adquiriam sabedoria suficiente para entendê-lo e transmitir seus conhecimentos.

Esse velho mago possuía uma técnica milenar egípcia, a Ciência Tehuti, descrita em antigos papiros mantidos em sua aldeia pelos familiares e que jamais fora divulgada ao mundo exterior. Essa técnica era algo tão fantástico que, se houvesse a prática correta, por pelo menos cinco anos, mantendo-a inalterada, o poder mental de raciocínio e a memorização poderiam ser dobrados. Inclusive o mestre falava fluentemente cinco idiomas básicos e muitos dialetos, tanto os egípcios como os árabes, além de ser um profundo conhecedor da Bíblia judaica, isso sem nunca ter saído além de sua aldeia natal até o Cairo e de seu pequeno oásis próximo a El Fayyum e ao deserto ocidental.

Helmut confidenciou-me que havia se tornado discípulo do mago e que ele estava lhe ministrando aulas da chamada Ciência Tehuti ou "Oráculo Egípcio", que seria a base de todos os oráculos que existiram e existem no mundo, bem como da Kabbalah judaica.

Fiquei fascinado com a descrição dessa pessoa, pois nunca havia tido oportunidade de conhecer um verdadeiro mago, principalmente um egípcio, cuja cultura com certeza era milenar. Nos dias que se seguiram, apesar de ter ido visitar o maravilhoso museu, fui várias vezes até o planalto de Gizé apreciar, em horários diferentes, as magníficas construções, mas uma febre tomava conta de todo o meu ser, uma constante inquietação assolava minha mente. Os dias se seguiam morosamente e, por causa do trabalho do meu amigo, ele não poderia se ausentar do Cairo senão na semana seguinte.

Tive sonhos maravilhosos e até pesadelos com esse velho mago. Mil perguntas e dúvidas assolavam minha mente. Mas, enfim, chegou o tão esperado dia e partimos antes de o sol nascer, para que não percorrêssemos grande trecho do deserto em pleno sol do meio-dia, quando a temperatura poderia chegar a até 52º C. Enfim, próximo ao meio da tarde, chegamos ao oásis onde ele vivia, ou seja, no meio do deserto.

Na realidade, o local me fascinou muito pela beleza do deserto e das pedras desgastadas por ventos e tempestades de areia ocorridos no decorrer de milênios. Existiam cobras, escorpiões extremamente venenosos, eram tão abundantes que havia uma preocupação constante: estávamos a muitas horas longe do Cairo, ou mesmo de qualquer cidade ou base militar egípcia, sob um sol abrasador, e uma simples picada de qualquer um desses animais peçonhentos poderia ser fatal.

As dunas ondulantes se sucediam interminavelmente, até que avistamos ao longe algumas palmeiras e tamareiras. No centro havia um pequeno lago e, de imediato, dirigimo-nos para aquele oásis e caminhamos silenciosamente por entre as palmeiras e a relva macia, sentindo-a fresca até chegar ao lago, em cujas águas límpidas resplandecia o azul do céu egípcio. Com as mãos, colhemos um pouco de água e refrescamos os lábios e o rosto...

Percebi a moita de papiros à minha frente movimentar-se, e um galgo do deserto, que tinha seu pelo ondulado graciosa e suavemente pela brisa do cair da tarde morna, observava-nos com atenta curiosidade. Preparamo-nos para alguma surpresa; todos sabem que os cães do deserto são famosos por sua vida nômade e pela ferocidade, tão necessária para se alimentar naquelas áridas paragens. Mas ele apenas nos fixou com aqueles olhos grandes, castanhos e frios que as feras normalmente possuem; parecia que perscrutava nosso íntimo, uma vez que olhava para mim e para meu amigo ao meu lado.

Em uma análise profunda e meticulosa, não senti medo; sabia que estávamos em um lugar mágico, bem como em um estágio energético e espiritual mais avançado que o do mundo material. Nada poderia causar-nos dano, mas aquele animal representava força, astúcia, inteligência e perseverança. Movimentou-se lentamente em nossa direção; sem nos perder de vista, deu a volta pelo pequeno braço do lago. Em cada passo exibia e distendia a perfeita musculatura das pernas, caminhava suavemente pela relva sem provocar som algum, sem desviar a atenção, e parou bem perto de nós.

Eu o observava também, procurando entender o significado mais profundo daquele animal, e naquele lugar, somente percebi a presença de um homem muito velho quando ele já estava bem próximo de nós. Ele usava uma túnica tão branca quanto seus longos cabelos e barba... Tinha no peito um camafeu de ouro com um sol resplandecente engastado no centro. Passou a mão branca suavemente no sedoso pelo do animal, que adquiriu a docilidade de um cãozinho, abanando alegremente o imenso corpo.

O mestre aproximou-se de nós, seu olhar transmitia paz, segurança, muita bondade e uma infinita sabedoria. Saudou-nos como fazem os árabes, com uma postura da mão direita, levando-a em direção ao coração, à boca e à testa, cujo significado é: pelo coração, pelas palavras e pela mente eu o saúdo, ou mesmo, saúdo seu Deus interior.

– Vieram à minha morada; portanto, sejam bem-vindos! Sou o mestre.

Ele abraçou e beijou afetuosamente a face de meu amigo alemão, que me apresentou.

Minha curiosidade a respeito daquele homem enigmático era imensa. Não pude conter minha pergunta:

– Vive só neste lugar?

– Ninguém vive só, tenho meus animais que são excelentes companhias; o vento é quem me traz notícias, o sol aquece e ilumina meus dias, e à noite as estrelas me falam dos mundos existentes e de seus diversos seres.

– Senhor, eu quis dizer pessoas.

– Todo ser criado pelo Pai de todas as nações, e para quem vive conforme suas leis, jamais estará só.

– Pai de todas as nações? O senhor quer dizer Deus ou *Allah*? O senhor o conhece?

– Ele é conhecido em muitos lugares, por vários povos e mundos e por muitos nomes.

Enquanto me respondia, caminhávamos em direção a uma tenda armada do outro lado do lago. Entramos e ele me convidou para sentar a seu lado, sobre um tapete macio com desenhos puramente tribais. No local exalava uma suave fragrância de incenso, mas o que mais me chamou a atenção é que não havia nenhum braseiro ou mesmo incenso acesso.

Permaneci na cidade do Cairo por cinco longos anos acompanhando meu amigo em suas pesquisas por todos os iniciados do Egito, e adquiri do próprio mestre o "Oráculo Egípcio" ou a Ciência Tehuti, ou seja, a Kabbalah Egípcia.

Procurarei transmitir neste livro a maior quantidade possível de informações. Não estou convidando ninguém para se transformar em um mago ou mesmo em um leitor de oráculos, muito menos em um mestre kabbalístico. Eu os convido a adentrarem em um fantástico mundo da antiga cultura do

Egito, seus templos e, principalmente, na essência deste livro: a técnica para conhecer a si mesmo, elevar o nível mental das pessoas e, por que não, procurar visualizar o futuro que cada um possui.

Despojem-se de culturas, concepções filosóficas ou mesmo da sabedoria que já adquiriram e adentrem comigo no mundo fantástico do antigo Egito, sua magia, seu oráculo e sua Ciência Tehuti.

Devo-lhes narrar todos os detalhes do meu aprendizado na técnica, para que possam entender passo a passo o que o senhor Tehuti deixou escrito há 5.250 anos.

Agradeço a todos os que lerem estas singelas páginas e espero não apenas transmitir os ensinamentos que aprendi com o saudoso mestre, mas que também eles possam vir a auxiliá-los.

Muito obrigado!

Gilberto Luiz Baccaro

Prefácio

Nos meus mais de 40 anos de "cadeira" (psicologia clínica), aprendi muito com meus pacientes, não somente com eles, mas também graças ao bom Deus, tenho tido uma existência rica no árduo aprendizado da vida.

Escolhi minha profissão porque amo muito o ser humano. Procurar tornar as pessoas melhores, felizes e de bem com a vida me faz muito mais feliz, e essa possibilidade me foi dada pelo Pai Eterno.

Conhecer as pessoas não só fisicamente ou sua psique, mas também seu espírito em especial.

Vejo o físico como a matéria, com o espírito habitando a psique como sua forma de manifestação.

Vivemos em busca de uma explicação lógica para nossa existência. Somos lotados de "porquês", muitas vezes entravados pelo medo do futuro, do que ele poderá nos reservar.

Aliás, cabe aqui deixar bem claro que o medo é o maior obstáculo que poderá existir em nossas vidas; travamos uma luta constante para superá-lo. Na realidade, a única forma de vencê-lo é enfrentando-o.

Lutamos tenazmente com as armas de que dispomos na tentativa de conhecer ou mesmo prever os acontecimentos futuros lançando mão da astrologia, das runas, do tarô, dos videntes, das cartas de baralho, da borra do café, dos búzios, enfim, são muitos os caminhos que temos à nossa disposição e podemos utilizá-los. Alguns caminhos são bem confiáveis, outros não, pois muitas vezes são manipulados por pessoas que não têm conhecimento suficiente da psique humana e chegam até a extrapolar suas limitações.

Um dos meios mais confiáveis que conheço é a Ciência Tehuti, ou Oráculo Egípcio, ou mesmo Kabbalah Egípcia. Ela desnuda nossos caminhos com uma precisão admirável, visto suas antiguidade e simplicidade, e poderá ser considerada mais uma ciência lógica do que um simples tratado de adivinhação. Apesar de não existir base suficiente para trabalhar a adivinhação, pois não tem fundo religioso ou filosófico, visa única e exclusivamente ao conhecimento profundo da pessoa, como indivíduo e como membro de uma família, grupo ou sociedade.

Com a devida autorização do mestre Gilberto, que por meio deste livro nos ensinará a fazer uso do método Tehuti, digo que essa ferramenta poderá desnudar nossos caminhos com uma precisão admirável, trazendo mais conhecimentos sobre nosso verdadeiro "eu", como educá-lo, conduzi-lo, corrigindo nossos defeitos, para ampliar "nossas virtudes" e aplicar esses conhecimentos para uma vida mais feliz e adaptada à nossa efêmera existência.

Quando adquirimos maior conhecimento de nosso destino, passamos a nos entender melhor e muitos medos que nos atormentam desaparecem, proporcionando-nos uma vida muito mais intensa, rica em conhecimentos, segura em nossas atitudes e, principalmente, nas decisões.

Portanto, convido-os a aprenderem; afinal, é apenas isto que viemos buscar nesta vida: o conhecimento. Esta técnica fantasticamente engenhosa, que deu origem a todos os oráculos que já existiram e a muito conhecimento que ainda se mantém no mundo, nos traz autoconhecimento e, especialmente, é um guia para as decisões que devemos tomar em nosso cotidiano, sobretudo na vida profissional.

Em determinadas épocas de nossa vida, temos dúvidas, e as tradicionais perguntas que surgem são:

Qual é a melhor decisão a ser tomada no momento?

Devo seguir adiante, parar e me manter, ou mesmo recuar?

Qual será a melhor profissão?

Como poderei atingir o sucesso e em qual período de minha vida?

Buscamos a plena realização pessoal, e esta ciência poderá e deverá orientá-los para esse caminho também, às épocas das decisões importantes que poderão redirecionar o restante de nossa vida. São momentos de mudanças (em todos os sentidos) e como podemos promovê-las, sem que ocorram perdas que mais tarde possamoslamentar.

Por isso os faraós (infelizmente não todos) buscavam aconselhamentos com os sacerdotes de Ptah e Amon. Quem mais utilizou essa técnica foi o faraó Djoser, que consultou o oráculo para determinar o local da construção de sua mastaba ou a pirâmide de Saqqara, construída pelo sábio Imhotep; posteriormente Quéops ou Khufu, determinando a construção de sua pirâmide; Seth I, para a construção de cidades fortificadas ao longo da fronteira egípcia; Ramsés II, Tutmés I e III, para suas campanhas militares, e todos os dignitários egípcios para saber onde construir suas sepulturas. Cleópatra talvez tenha sido a última egípcia a consultá-lo, para saber das derrotas sofridas por Marco Antônio e da queda do império egípcio para Roma, bem como para a construção de sua sepultura que nunca foi encontrada.

Posteriormente, muitos séculos depois, Napoleão Bonaparte também o consultou. Para isso, devo lembrá-los de que após sua campanha em solo egípcio, onde seu primo Champollion encontrou e decifrou a pedra da Roseta, ele se fez sempre acompanhar por um criado de quarto, um egípcio (podem observar que, em todos os filmes sobre o grande general, esse servo está muito próximo), que inclusive até dormia no mesmo quarto de Napoleão.

Aquele servo nada mais era do que um parente distante do mestre do Gilberto, e de quem ele recebeu os ensinamentos.

Napoleão foi aconselhado a não invadir a Rússia sob nenhum pretexto, mas a soberba do imperador francês foi muito maior, e mesmo o mestre tendo-o aconselhado a não chegar a Moscou ele o fez. Esse foi o início da grande queda do general, que culminou com sua derrota em Waterloo, inclusive prevista por aquele mago, porque lhe foi informado do período neutro negativo e neutro, ou seja, o período de movimentação cármica, ou *shad* no egípcio arcaico, que para Napoleão foi muito longo e, nesse período, ele jamais conseguiria manter sua posição privilegiada.

Infelizmente isso ocorre de forma periódica na vida das pessoas, seria um período de muita cautela, em especial para decisões importantes.

A história apenas demonstra sua proximidade com o imperador, e partir do momento em que o exército francês foi derrotado pelo gelo, o mago se afastou de seu discípulo ou consulente e a história relegou-o ao esquecimento, porém os discípulos do mestre sabem que ele retornou ao Egito, onde transmitiu para seus familiares a Ciência Tehuti.

Por meio de fatos históricos, podemos concluir que a técnica da Ciência Tehuti foi útil no passado, poderá ser muito útil no presente e, quem sabe, no futuro, pois em se tratando de tempo, estamos vivenciando o futuro dos longínquos dias em que os faraós governavam o Egito.

Portanto, convido-os a aprenderem; afinal, é apenas isso que viemos buscar nesta vida, o conhecimento e a sabedoria.

Desejo a todos uma boa leitura e que o aprendizado que ora irão iniciar traga muita luz em suas buscas e respostas aos "porquês" de sua existência.

Tânia Virginia do Canto Fonseca
Psicóloga clínica

Capítulo 1

O Início do Conhecimento

"*Aquele de natureza mais nobre que qualquer outro deus, diante de cuja beleza os outros deuses se regozijam.*

Aquele a quem se louva na Grande Casa, a quem se coroa na casa do fogo. Aquele cujo doce perfume os deuses tanto apreciam. Quando chegado do Punt, exuberantemente perfumado, quando chegado da terra do incenso e das essências aromáticas. A face formosa, quando chegado da terra dos deuses."[2]

Hino em homenagem a Rá
(12ª dinastia)

---

[2]. No início de cada capítulo, colocarei uma oração ou hino composto por Tehuti, para o conhecimento de todos de como era a fé dos antigos egípcios em seus deuses.

Permaneci indo semanalmente ao oásis onde residia o mestre por cinco longos anos, que foram tempos de aprendizados extenuantes, porque sua energia era vigorosa, exigia de mim e de meu amigo alemão o máximo para que atingíssemos o nível de elevação mental capaz de nos dar a compreensão necessária para podermos receber os ensinamentos da Ciência Tehuti.

Após alguns meses de treinamentos, fui aprendendo inclusive a ser um egípcio de 5 mil anos atrás, temente a Deus, que o mestre sempre chamava de Pai, com muita fé e esperança. Além disso, obrigatoriamente deveríamos ir buscar os conhecimentos por meio da espiritualidade na antiguidade do antigo Egito, sob o som harmonioso do vento do deserto nas folhas de palmeiras e tamareiras. Havia muita paz naquela solidão, mas minha curiosidade aumentava cada vez mais, conforme o tempo passava. Eu nada sabia do mestre, por isso acho que jamais seria satisfeita, afinal, o que fazia realmente um velho naquele local ermo? Do que se alimentava? Ali havia apenas água e o fruto das tamareiras em determinada época do ano. Levávamos nossas próprias provisões de lentilha, cebola, damasco e figo que adquiríamos no Khan Al-Khalili, além do pão maravilhoso feito com o trigo do vale do Nilo, que preparávamos lá mesmo e consumíamos nos três ou quatro dias que ficávamos em sua companhia. Ele não participava de nossas refeições.

A principal pergunta era, sem dúvida, por que nos havia escolhido para seus discípulos? E os outros discípulos, quem seriam?

Mas o nível mental espiritual do velho mestre me surpreendia cada vez, pois em meio a minhas divagações ele interrompia dizendo:

– Este lugar não é tão ermo como pensa. Como lhe disse, em todos os locais o Pai concebeu vida; cabe a cada um de nós descobri-la em suas diversas formas, e o alimento material para mim não tem tanta importância nem necessidade.

– Lê meus pensamentos?

– Estamos neste momento em outra forma de vida, em que os pensamentos têm formas, cores e até odores, apenas identifiquei sua preocupação. Sua matéria que está aqui necessita de alimentos sólidos, mas o espírito que se aloja em seu interior não precisa deles sólidos, apenas de conhecimentos que lhe trarão a imortalidade do espírito.

– Então o senhor é um espírito?

– Somos todos espíritos, feitos à imagem e semelhança Dele. Sei que você possui os pensamentos anuviados pelo sofrimento dos encarnados. Sabe que viemos para este mundo com missão predeterminada, isso significa o resgate das dívidas de vidas passadas e o eterno aprendizado para o aprimoramento e a melhoria das vidas futuras, se houver necessidade de para cá retornarmos.

Presenciei guerras, egípcios contra egípcios, árabes contra árabes, ingleses contra alemães. Infelizmente fui obrigado a isso e, lamentavelmente, assistirei a muitas outras no decorrer das próximas vidas, como você também...

Todos que pereceram, os que serão escravos de um modo ou de outro, é porque agiram dessa mesma forma no passado, senão pior ainda. O resgate sempre será da mesma forma e, em alguns casos, piorado ainda mais. Alivie, portanto, sua mente, pois o que irá presenciar lhe será muito necessário. Você já viveu no meio da dor, da luxúria, do sofrimento e da morte, e não permitiu que sua fé esmorecesse ou mesmo fosse abalada. Isso é considerado uma dádiva por seus protetores espirituais, porque mesmo sendo um jovem do século XX, está vivendo o início do fim da civilização no planeta. Sempre manteve sua fé e a procura por algo comensurável maior que o próprio mundo material.

Enquanto vocês dormiam, eu me desloquei até as estrelas e identifiquei suas vidas passadas, a atual e a futura, tudo isso por meio da data de seu nascimento. Mantenho em meu poder uma técnica passada por meu avô, que recebeu do bisavô dele. Essa técnica deveria manter-se fechada para todos, mas recebi a missão maior de transmitir para oito jovens meus conhecimentos, para que possam auxiliar as pessoas do mundo a se conhecerem melhor, aliviar seus fardos dos destinos e das influências malignas da mente que são inerentes ao ser encarnado. Cada um de vocês deverá transmiti-la pessoalmente para três pessoas, de sua maior confiança, para que não ocorra o desvio da ciência, e mantê-la pura e inalterada como sempre foi.

Sabendo a profundidade de seu espírito em conhecer e pesquisar novas formas de vidas espirituais e procurar auxiliar todas as pessoas dentro dos ditames divinos que se perderam ao longo dos séculos em todo o mundo, culturas e civilizações, gostaria de convidá-lo para ser meu discípulo, assim como Helmut também o é, e, posteriormente, vocês poderão transmitir para seus discípulos os conhecimentos adquiridos.

– Mestre, eu gostaria de ter o poder para retirar do mundo toda a dor e a sujeira que todos insistem em manter em todas as suas vivências, e de melhorar a vida das pessoas, tornando a carga de cada um mais amena, produtiva e voltada para a fé e a esperança no crescimento espiritual e interior.

– Você poderá e deverá pelo menos tentar fazê-lo, mas somente na época correta. É necessário que alguém faça pelos que não fazem absolutamente nada por si mesmos e pelos demais, tenha sempre fé suficiente pelos que não têm e possa transmiti-la aos que estão cegos espiritualmente... E isso acontecerá até o fim de seu tempo nesta vida... Essa será sua maior missão, mas também é a missão de todo ser encarnado. Não adianta apenas melhorar a vida material sem melhorar antes a vida espiritual, pois ambas devem caminhar paralelamente, uma dependendo da outra. Esclarecendo-se o espírito, melhoramos a matéria, pois quanto maior o nível mental e espiritual que alcançamos, mais a matéria também se beneficiará. Tendo apenas pensamentos sóbrios e honestos, ajudamos bastante o plano espiritual.

Quando iluminamos o espírito, parte dessa luz é transferida para a matéria, beneficiando-a, isto é, livrando-a de doenças e sofrimentos desnecessários. Somente com as práticas corretas, honestas e dirigidas diretamente ao Pai nosso Senhor, ou a seus emissários, beneficiaremos nossos antepassados de cada existência, nós mesmos, nossos filhos e os filhos dos filhos. Quando uma família evolui em conjunto, todos se tornam energeticamente poderosos; os males serão afastados por gerações seguidas, mas somente pela prática adequada e seguindo os ensinamentos verdadeiros e corretos do Pai e de Seus enviados chegaremos, então, à perfeição mental e espiritual. Sei que isso você poderá fazer por meio de sua força, a força que adquiriu através de suas reencarnações e mais uma iniciação, esta que terá junto a mim, e poderá um dia, que talvez esteja longínquo, utilizar seus conhecimentos, afinal, isso será parte integrante da sua missão no mundo.

O mestre calou-se por um momento e ficou olhando para além do pequeno oásis; achei que seus pensamentos estavam em total divagação, mas, felizmente, continuou:

– Os seres iluminados, encarnados ou desencarnados, obedecem rigidamente a esta lei, e somente auxiliam aqueles que de fato desejam e pedem para serem ajudados. Temos como fator determinante que a escolha é livre, porém a colheita sempre será obrigatória. A evolução é a lei que determina que todos os mundos e todos os níveis devem estar em desenvolvimento constante; essa lei se aplica ao mineral, ao vegetal, ao animal, ao humano e ao espiritual. À medida que um ser evolui o suficiente em determinada camada, ele automaticamente ressurge melhor na camada seguinte. A evolução da espécie humana importou-se mais com o progresso da tecnologia, mas deveria ser igual em todos os segmentos da vida. A evolução é o sinal dos iluminados dirigidos pelo Mestre Supremo, a quem muitas nações dão nomes diferentes, mas será sempre o mesmo Senhor da Luz, Senhor da Criação, ou mesmo como vocês o conhecem, Deus...

– E como transmitir tudo isso? Como as pessoas poderão entender?

– Existe uma lei que rege toda a criação, está intimamente ligada à lei universal da harmonia. Quando mantemos nossa energia vital equilibrada e em perfeita paz, estamos aptos a atrair as coisas positivas e a criar no plano físico apenas manifestações positivas, harmoniosas e equilibradas. Quanto mais pura for a consciência, os pensamentos e as ações dos seres encarnados, mais fácil será para as pessoas entenderem a perfeição Divina e também o poder para ela se expressar diante das divindades.

Para se obter a perfeita manifestação do Mestre Supremo, é necessária a purificação da energia da consciência, ou seja, manter puro o elemento físico, o elemento vital, o elemento emocional e o elemento mental. Para isso, devemos apelar para a Luz dos mestres verdadeiros e do Mestre Supremo para tirar a impureza de milhares de séculos de práticas erradas que ainda deverão perdurar por outros tantos séculos. O pensamento positivo e edificante deverá ser perfeito como é o pensamento do Pai Supremo, e como é a manifestação da forma da criação, que é seu fruto, ou seja, a própria vida. Devemos saber e sentir que existe a habilidade em se criar uma imagem na consciência, isso é um atributo Divino, e quando decidimos criar algo, o Mestre Supremo deseja, sente, sabe e se manifesta por meio de nós mesmos.

A lei do perdão é uma dádiva concedida aos seres encarnados como uma grandiosa e inestimável prova de amor do Mestre Supremo. No mundo não existia essa lei, porque tudo deveria ser perfeito, e o ser encarnado seguiria fielmente as leis impostas por Ele; portanto, não deveria haver sofrimentos ou desgraças, e o ser encarnado não sofreria as consequências de suas próprias compulsões.

– Então as leis do carma e das reencarnações não são coisas novas, ou mesmo pertencem apenas às culturas asiáticas, como o Budismo, ou às do Ocidente, como o Espiritismo?

– Não! A lei do carma é tão antiga como o próprio mundo, é a lei que rege todo ser encarnado, que deverá renascer até que consiga tornar-se como seu modelo divino, representado pela presença divina do Sagrado Mestre Supremo, adquirindo absoluta vontade sobre seus pensamentos, energias, ações e sentimentos, tornando-se como Ele. Somente assim sairá da roda das reencarnações.

O mais importante é você considerar que está vivendo neste mundo trabalhando para sua evolução e a de seus semelhantes. Mas, para isso, talvez a lei de maior importância seja a lei do amor. O amor que ilumina todos, para que possamos entender os desígnios do Mestre Supremo. O amor poderá ser considerado o sentimento com a maior e mais poderosa energia emanada de nosso interior divino, não aquele sentimento de amor físico, egoísta, que envolve a todos, esse sentimento é o que causa o maior dos desequilíbrios, das distorções, e traz maiores sofrimentos e tantas outras situações que voces tão bem conhecem.

O verdadeiro amor comanda toda vida superior. Sem a prática do amor nunca conseguiremos superar a lei do carma, e a lei do livre-arbítrio não nos levará por caminhos tão seguros. Não haverá a lei do perdão, pois sem amor não existirá o perdão. Sem amor todos estarão continuamente atados ao processo reencarnatório. Portanto, a lei do amor é a grande energia emanada do Mestre Supremo, pode ser a própria lei da vida. Porém, somente o amor sem sabedoria, equilíbrio e harmonia também não nos levará a lugar algum; então o ser encarnado necessita do amor com sabedoria, com harmonia e equilíbrio. Nesse estágio evolutivo, poderá realmente chegar ao mundo espiritual elevado e romper em definitivo as reencarnações, ou alcançar a salvação suprema que desde os tempos imemoriais o ser humano procura, ou seja, ser um elemento totalmente feliz, espiritualmente realizado.

Nada no mundo ou no céu é estático, tudo está constantemente em movimento; por isso os cargos da hierarquia dos deuses e dos iluminados estarão sempre em constante alteração, à medida que seus integrantes evoluam para ocupar cargos mais importantes ou elevados na escala evolutiva dos planos dos mestres superiores.

– Senhor, como é essa hierarquia dos mestres e dos iluminados?

– Atualmente a hierarquia está em constante processo evolutivo, pois os dois grandes iluminados chegaram ao mundo e aqui deixaram suas marcas por meio da filosofia da vida capaz de transmutar os sentimentos, ajudando a atingir a iluminação plena.

O que mais me impressionou foram os conhecimentos que o mestre tinha sobre todas as religiões que existiram e que ainda se mantêm no mundo, seu profundo conhecimento dos sentidos filosóficos do Taoismo, do Budismo, dos celtas e seus druidas, de toda a tradição do misticismo judaico, do Cristianismo, do Zoroastrismo, do Gnosticismo, que ele excluía totalmente de seu ser; das religiões clássicas da antiga Grécia e de todas as religiões existentes na Europa, na Ásia, no Extremo Oriente e no Oriente Médio. O mestre sempre se mostrou avesso a conceitos religiosos, mas enaltecia a filosofia que mais poderia auxiliar a melhorar o ser humano, e seu trabalho consistia exatamente nisso. Dizia-me ele em várias ocasiões:

– Enquanto o ser humano se prender a formas e métodos, jamais conseguirá chegar ao Pai. Se todos se despojarem de formas e conceitos preconcebidos e mutilados pelo ser humano, todos poderão chegar ao Pai eterno e maravilhoso. E pode crer que, na realidade, é exatamente isso que Ele quer, e muito. Mas, infelizmente, muitos não conseguem visualizar; isso mesmo, nem todos conseguem ter a verdadeira visão de Deus, que é simples demais e, por isso, ninguém consegue vê-lo ou entendê-lo.

Consegui visualizar que o mestre era totalmente contra as filosofias e até a teologia para poder entender Deus. Dizia ele muitas vezes que existimos porque Deus quer, o mundo existe porque Deus quer e, dentro desse conceito, Deus quer tudo para nós. O ser humano quer muito mais do que Deus pretende e deseja nos dar e, assim, realmente fica muito difícil encontrar Deus nas coisas cotidianas da vida.

Certa vez, perguntei ao mestre:

– Senhor, no Brasil, assim como todos que acreditam e seguem a Igreja Católica, existe o hábito de pedir coisas a Deus ou aos santos, e até de lhes fazer promessas. Isso é válido?

– Para que pedir ou prometer algo em troca se podemos alcançar tudo por nós mesmos? Temos apenas de pedir que Deus nos dê forças suficientes para atingir nossos objetivos, não precisamos prometer nada. Ele, como o Ser Supremo, sabe exatamente quais são nossas necessidades; e assim que atingirmos o nível necessário, prodigamente Ele nos dará, nem precisaremos pedir.

Esse era o mestre, com sua filosofia simples, mas impregnada do mais alto conhecimento de Deus e dos seres encarnados também.

Capítulo 2

A Filosofia do Príncipe Siddhartha Gautama e de Jesus, o Cristo. No Aprendizado Universal

*"Ele deu forma aos deuses,
construiu cidades, fundou nomos,
situou os deuses em seus locais de adoração,
estabeleceu as suas oferendas de alimentos,
fundou seus santuários
e deu aos seus corpos o feitio
que lhe agradava o coração.
Assim, os deuses assumiram corpos
feitos de toda espécie de madeira,
toda espécie de minerais, toda espécie de barro
e todas as outras coisas que cresciam ao seu redor
e as quais poderia ele modelar."*

Hino em homenagem a Ptah
(1ª dinastia)

Achei extremamente interessante quando meu mestre em suas aulas me falou sobre Buddha e Jesus; dissertou como se falasse de uma profecia. Era uma tarde muito quente de domingo, não havia uma brisa sequer capaz de mover as folhas das palmeiras; de repente, ele iniciou, dizendo:

– O primeiro maior de todos os iluminados foi um príncipe, denominado o Buddha.[3] Seus discípulos que chegaram ao Egito, vindos do Punjabi[4] (Índia), sempre ressaltavam que ele tinha domínio sobre todos os assuntos que dizem respeito à evolução do mundo, sendo responsável pela geração da luz para manter o mundo dentro de um sistema muito maior. Seu templo é conhecido como Cidade da Luz ou Nirvana. É considerado a flor da humanidade, pois foi o primeiro ser de magnânima evolução que veio para este mundo e ascendeu a um cargo de muita responsabilidade e elevação espiritual. A inteligência e o conhecimento máximo da humanidade serão atingidos por meio dele. Foi um príncipe, como já disse; abandonou tudo para se tornar um peregrino e, por seis longos anos, caminhou como tal. Por caminhos errantes, atingiu o estado de iluminado e pregou seus ensinamentos, que originaram a grande e talvez verdadeira religião. Buddha legou a grande lição do caminho do meio e do equilíbrio. A principal verdade foi fundamentada na filosofia da nobre verdade, que leva à cessação do sofrimento. Pregou as quatro nobres verdades:

A Verdade da Dor – o sofrimento e a dor são fatores inerentes a toda forma de existência no mundo.

A Verdade da Causa da Dor – o principal fator dos sofrimentos dos encarnados é a ignorância.

---

3. Sempre pensei que os ensinamentos do príncipe Siddhartha Gautama fossem reconhecidos apenas no Extremo Oriente e nos países ou culturas ocidentais voltadas ao espiritualismo. Sabia que Jesus, sim, é amplamente conhecido por todos, mas o mestre me surpreendeu em muitas ocasiões, como você poderá observar.
4. Verifiquei, posteriormente, que muitos sábios egípcios, babilônicos e gregos, inclusive o próprio Alexandre, o Grande, haviam tido conhecimento das culturas do Hinduísmo, cujas profecias sempre diziam que haveria de vir para o mundo um ser de elevada linhagem celestial e que doce seria a vida de todos aqueles que o seguissem. Entendo, portanto, que Buddha não era totalmente desconhecido no antigo Egito.

A Verdade da Eliminação da Dor – a possibilidade de eliminar o sofrimento por meio da extinção da ignorância.

A Verdade do Caminho que Leva à Eliminação da Dor – que nada mais é do que a renúncia dos desejos materiais, da mentira, da crueldade, da falsidade, da futilidade, dos maus pensamentos. Pensar corretamente e vigiar os sentidos materiais, não se desviar do verdadeiro caminho.

Ele legou para a posteridade os ensinamentos de que os sofrimentos têm suas causas geradas em vidas passadas e nas vidas dos seus antepassados.

O Segundo é considerado o Buddha da Evolução. Seu templo é conhecido como o Templo Solar Crístico do Infinito Amor e da Misericórdia. É o mestre que nasceu através da viagem de uma grande estrela, é reconhecido como Senhor do Amor Perfeito e o Mestre dos Mestres. Sua sabedoria e a iluminação são alcançadas por meio do perdão e da igualdade dos seres encarnados. Incompreendido, teve seus ensinamentos totalmente desviados da realidade, por isso se tornou o responsável pela iniciação solar para os iluminados mais adiantados, pois seus verdadeiros ensinamentos não são aproveitados no mundo, uma vez que todos os valores foram alterados. Nestes tempos, o pai não reconhece o filho nem o filho o pai, nem o amigo pelo amigo, nem o irmão pelo irmão, todos os valores do mundo estão alterados, os seres encarnados concentram seus interesses nas aquisições; mesmo que seja desonesta, a riqueza substituirá vantajosamente a nobreza da origem, a virtude e o mérito.

Quando as instituições estabelecidas pela lei estiverem prestes a desaparecer, uma parte de seres divinos de natureza espiritual descerá sobre o mundo e restabelecerá a justiça divina, e as mentes dos que estiverem vivos despertarão e adquirirão a harmonia, o equilíbrio búdico, ou seja, dos iluminados, e poderão realmente entender o ser crístico que existe dentro de cada um deles. Isso somente acontecerá após o desaparecimento desta civilização, e quando os seres genuinamente iluminados passarem pelo mundo e seus verdadeiros seguidores conseguirem fazer toda a humanidade restante entendê-la. Cumpram sua parte e deixem o destino do mundo fazer a dele.[5]

Senti-me melhor depois dessa esplêndida aula, a angustiante ansiedade foi substituída por um sentimento de paz e harmonia. Levantei-me e fui para a entrada da tenda. Então, disse ao mestre:

– Agradeço a suas sábias e amigas palavras de renovação à minha fé e aos meus conhecimentos, que por causa de curiosidade, falta de harmonia ou exagerada ansiedade corriam o risco de serem esquecidos.

– Nada renovei, apenas tirei de seus ombros uma carga que não lhe pertencia. Tenha sempre essa pequena aula de hoje como a máxima de sua vida: cada um carrega a carga que pode. Jamais nosso Pai daria a qualquer ser que Ele mesmo criou um peso maior do que possa carregar; se o fizer, Ele carregará com você. Que o Pai celestial o acompanhe sempre!

– Que Ele esteja sempre com você.

Sinceramente, peço-lhes desculpas por me alongar na transmissão da filosofia do mestre, mas foi para poder lhes demonstrar quanta sabedoria, conhecimento, fé e amor incondicional ele havia adquirido por meio do conhecimento de si mesmo. Lições essas que até hoje eu – e creio que todos os seguidores de sua técnica e filosofia (somos oito no mundo todo) – consigo adquirir e entender, porque o conhecimento de si mesmo é de suma importância.

Faço aqui um ligeiro parêntese para lhes informar que, lamentavelmente, o mestre faleceu na cidade do Cairo, no exato momento em que eu escrevia este livro, aos 98 anos, mas tinha o pensamento e a vitalidade de um homem de 50.

---

5. A partir dessa aula que transcrevi sucintamente, verifiquei que meu mestre era um homem de grande sabedoria e conhecia amplamente as grandes filosofias religiosas do mundo. Em muitas oportunidades, falou-me vastamente do Hinduísmo, do Islamismo, do Judaísmo e de sua visão magnífica do Budismo. Então, ao retornar ao Brasil, converti-me ao Budismo fundamental, para buscar maior evolução e compreensão dos ensinamentos do mestre. Além de que, em meu livro *A Sabedoria de Buddha ou o Amor de Cristo*, traço um paralelo entre o príncipe Siddhartha e Jesus, nas suas singularidades filosófica, religiosa e sua compreensão dos sentidos humanos.

Amado mestre, que aquele Pai, de quem o senhor tanto nos falou, leve-o para a sublime morada. Tenho apenas de lhe agradecer pelo engrandecimento de meu espírito. Muito obrigado!

Capítulo 3

O Conhecimento da Ciência Tehuti[6]

"Deus vivo, senhor do amor! A nação inteira vive quando brilhas e surges feito rei dos deuses! Nut esparge a tua face. Maat[7] abraça-te a cada estação. Tua comitiva se regozija por causa de Ti e se lança ao chão quando passas. Senhor da terra, rei da verdade, senhor da eternidade, que criaste os céus e neles Te estabeleceste! Os noves rejubilam-se ante teu esplendor, a terra se enche de alegria ao contemplar teus raios luminosos, o povo se regozija ao contemplar tua beleza a cada novo dia. Singra os céus diariamente, recorre à tua mãe Nut, atravessa o céu com teu coração cheio. O lago de testes se acha calmo, as serpentes rebeldes, derrotadas, os braços atados, a espinha ao meio dividida pela faca."

Hino em homenagem a Aton
(23ª dinastia)

---

6. Tehuti foi o maior escritor do antigo Egito. Seus escritos datam de aproximadamente 5.250 anos. Além de *O Livro dos Mortos*, ele compilou fórmulas mágicas para a quiromancia, ou seja, o oráculo egípcio, de onde se derivaram todos os demais oráculos existentes até hoje, inclusive este compêndio que ora lhes apresento. Ele e Imhotep são considerados os maiores gênios e sábios de toda a Antiguidade.

7. Maat simbolizava o equilíbrio da criação. Era representada por uma mulher ou uma pluma de avestruz, mas sua maior representação estava na forma de uma mulher curvada com a abóboda celeste na barriga.

Para podermos entender exatamente a Ciência Tehuti, ou Oráculo Egípcio, ou mesmo com a denominação de Kabbalah Egípcia, devemos compreender inicialmente o pensamento filosófico, religioso dos antigos. Do contrário, não conseguiremos adentrar de imediato em uma ciência de aproximadamente 5.250 anos, no século XX ou no XXI, pois nossas concepções e níveis de compreensão filosófica, religiosa ou mesmo psicológica são totalmente diferentes.

Hoje temos uma vasta visão, e com muito mais clareza, de todas as concepções espiritualistas ou mesmo religiosas; o que para nós poderá ser assunto corriqueiro e cotidiano, para os antigos egípcios era algo extraordinário, e somente os deuses, por meio de seus sacerdotes, conseguiam oferecer respostas plausíveis.

Ocorre que, na maioria das vezes, em todos os níveis e em todas as religiões, o amplo conhecimento nunca foi dividido com a população e muito menos foram dadas explicações lógicas. O clero egípcio, principalmente do templo de Amon-Rá, em Tebas, onde se descobriu muito mais da ciência, da filosofia e até tratamentos psicológicos, manteve o conhecimento guardado nos templos e seu acesso ficou muito mais restrito.

Temos ainda descrições de manifestações psíquicas de entidades espirituais que se pronunciavam por meio dos sacerdotes, que não eram mais que médiuns devidamente preparados para entrarem em contato com elas. Em vez de chamá-las de entidades espirituais, esses médiuns falavam em nome dos deuses para a população em geral, sendo que na realidade nada mais eram do que contatos mediúnicos. Mas para que o sacerdote "sem"[8] tivesse acesso a todas essas informações ou mesmo entendesse o sentido filosófico dos deuses e suas manifestações, era necessário longo aprendizado, ou seja, o próprio desenvolvimento mediúnico para que pudesse transmitir ao povo os ensinamentos dos deuses, e creiam que eram mensagens

---

8. Sacerdotes "sem" eram denominados os iniciados nos templos dos deuses. Seria o início do sacerdócio; para atingir níveis mais elevados, e que todos almejavam, eram-lhes exigidos inclusive o celibato e o desenvolvimento mediúnico. Poderia até se praticar a psicografia, de uma forma diferente da que conhecemos atualmente.

puramente mediúnicas e de caráter filosófico-religioso, dentro dos padrões místicos do antigo Egito, porque de outra forma o povo não conseguiria entender.

A origem da Kabbalah, portanto, deu-se no antigo Egito, por volta de 3.200 a.C., sob o reinado do faraó Menés, que fundou a primeira dinastia. Muitos estudiosos acreditam que tribos nômades viajavam ao longo do Nilo, na prática do pastoreio, e trocavam lã e carne de carneiro por trigo, lentilha e cebola com alguns habitantes que se fixavam precariamente. Eles se denominavam "nomos", viviam em pequenas aldeias ao longo do Nilo e sofriam com os frequentes ataques de tribos nômades do deserto do Sinai. O guerreiro Menés unificou essas tribos, centralizou o poder na primeira cidade egípcia próxima ao delta, que era uma região próspera e de mais fácil cultivo, batizando-a com o nome de Memphis, hoje Cairo, e foi oferecida ao deus Ptah. Menés é considerado o primeiro faraó e fundou as primeiras escolas iniciáticas, juntamente às dinastias, que perduraram por 3 mil anos. Durante seu reinado, quando necessitava de conselhos estratégicos, políticos, militares e pessoais, recorria a essas escolas, que funcionavam junto ao templo de Ptah. Ali se iniciou a primeira escola de que se tem notícia de medicina, onde eram utilizadas práticas mágicas.

Por meio dessa escola primária, surgiu um sábio chamado Tehuti, um experiente e talentoso sacerdote de Ptah, que foi responsável inclusive pela confecção do primeiro *Livro dos Mortos* egípcio de que se tem notícia. Por intermédio dos estudos de nove estrelas em 12 posições estrategicamente dispostas dentro de um pentagrama, ele conseguia prever o futuro das pessoas, bem como seus períodos positivos e negativos em que deveriam ter cautela. Surgiu, assim, a primitiva Kabbalah, conhecida na época como a "Ciência Tehuti", que não tinha um cunho religioso, mas era alicerçada em poderes mediúnicos dos sacerdotes.

Com a unificação do Baixo e do Alto Egito, a capital mudou para Tebas, hoje Karnak. Sob o reinado de Quéops, era chamada de Luxor; tinha como protetor o deus Amon-Rá, e a ele foi erigido o maior templo de todos os tempos, na margem oriental do deserto da Núbia. Ali também foi fundada a escola de medicina, chamada de Casa da Vida, escola de matemática, astrologia, arquitetura e escribas.

Foi dessa união de duas culturas distintas que surgiu a escola da vida de Tebas, e com a proximidade da capital no Médio Egito, o poder absoluto de Amon-Rá foi se concretizando cada vez mais no decorrer dos séculos, e todos os demais deuses do panteão egípcio sofreram uma redução considerável em seu poder; tudo ficou centralizado no templo de Amon. Foi ali que a Ciência Tehuti tomou muito maior vulto como ciência e prática mediúnica propriamente dita. Naquele local, era mantido o oráculo que os faraós, generais e altos dignitários do governo e da nação consultavam antes de partir para a guerra, adquirir propriedades, verificar datas prováveis para o casamento e nascimento do primogênito, onde e como construir uma casa, um palácio ou um templo, quem seria o arquiteto compatível com a energia de quem mandava construir, onde, o que plantar e quando colher.

O trigo, a cebola e a lentilha predominavam na agricultura egípcia, sendo a base da alimentação da nação. A Ciência Tehuti era tida como uma doutrina esotérica que dizia respeito ao deus Amon-Rá, ou ao universo místico do Egito e de seu panteão divino; era, portanto, preservada para alguns poucos privilegiados, que podiam pagar uma consulta com o sumo sacerdote.

A Ciência Tehuti foi rebatizada pelos rabinos como a Kabbalah judaica. Essa antiga ciência tem como base 12 posições estelares, que se dividem em nove posicionamentos, compostos de cinco elementos de transmutação, que na Antiguidade recebiam o nome dos deuses egípcios. Para facilitar a compreensão no Ocidente, substituí esses nomes por números, o que não fez perder o verdadeiro sentido.

Devemos entender muito bem seu sentido e significado, que não têm a menor conotação de adivinhação ou religiosa. Trata-se de uma ciência matemática, pura e simplesmente. Utilizamos o posicionamento das estrelas regentes, em um plano estelar dos deuses egípcios, e nove posições iniciais fixas, das quais oito estão em constante movimento. É uma ferramenta totalmente direcionada ao conhecimento interior da pessoa e para verificar seus períodos de boa ou má sorte que acontecem de forma cíclica na vida de todos, independentemente das condições de cada indivíduo ou mesmo do grupo familiar, o que também é conhecido como período de movimentação do destino.

O sumo sacerdote de Amon era quem detinha esses preciosos conhecimentos da Ciência Tehuti, ou Kabbalah, e os transmitia apenas aos altos funcionários do templo, que normalmente eram de origem nobre e pertenciam, portanto, à casa dourada do faraó. Os sacerdotes "sem", postulantes, iniciantes e funcionários do templo não tinham o menor contato com essa ciência, que no decorrer dos séculos foi sendo aprimorada, conforme as artes mágicas egípcias também se aprimoravam e se tornavam cada vez mais complexas. Nessa ciência não havia uma conotação puramente religiosa, mas ela ditava os períodos e as transformações na vida das pessoas, e era retida como o maior segredo sacerdotal egípcio. Com o passar do tempo, somente no templo de Amon-Rá, em Tebas, se profetizavam e se ensinavam seus complicados cálculos.

Existe um pergaminho da 14ª dinastia, encontrado em um túmulo, no vale dos reis, o qual pertenceu a um eminente funcionário do faraó. Nele está escrito que seu proprietário doou para o templo de Amon dez vacas, 20 carneiros, três colares de faiança e dois pratos de ouro, para poder ser recebido pelo sumo sacerdote e ter seu futuro desvendado. Eram, portanto, poucos egípcios que tinham acesso a essa arte mágica. Todos os príncipes do Egito, herdeiros diretos ou indiretos ao trono do faraó, eram enviados como sacerdotes "sem" para o templo de Amon-Rá, em Tebas, para sua iniciação mágica, onde aprendiam também a ler e escrever os dois tipos de escrita egípcia. Após longos cinco anos, em que se aprofundavam em história, matemática, astrologia, medicina, arquitetura e magia, eram então enviados às escolas militares, para completar sua educação iniciática e estar aptos a tomar decisões ou a combater os inimigos da terra negra ou de *khan*.

O príncipe Moisés não foi exceção, também foi recebido na casa de Amon em Tebas para sua iniciação, inclusive porque era um dos príncipes do Egito e o terceiro na linha de sucessão, caso o faraó, seu meio-irmão Amenemhat, por algum motivo deixasse o trono vazio. Então, transformou-se no legislador profeta Moisés, e foi um dos mais proeminentes estudiosos e praticantes da Kabbalah, não somente como ciência, mas também a considerava empírica e muito necessária.

Quando da libertação dos hebreus do jugo do faraó, Moisés levou consigo todos os conhecimentos mágicos que obteve por meio de sua iniciação, bem como essa fecunda arte mística e a transmitiu para seus seguidores mais próximos, ou seja, para Josué e Aarão (passou então a ter um sentido religioso judaico), como uma revelação de um passado remoto e preservada apenas por alguns privilegiados sacerdotes hebreus, que naquela época não recebiam o nome de rabinos (isso somente aconteceu no século XI d.C., com a necessidade de se distinguir um sacerdote católico do judaico).

Sabemos que o misticismo esotérico existe há mais de 5 mil anos no Egito, e talvez até antes disso na Índia. Formas iniciais ao misticismo esotérico datam daquela época. Alguns filósofos religiosos da nova era e posteriores alertam sobre isso ao dizer: "Você não deve ter negócios com coisas secretas". Segundo o historiador Josephus, a Literatura Apocalíptica pertence aos séculos II e I do pré-Cristianismo, contendo alguns elementos da futura Kabbalah. Tais escritos estavam em poder dos essênios e eram cuidadosamente guardados por eles para evitar sua perda, pois eles alegavam ser uma antiguidade valiosa.

Acredito, portanto, que após os judeus se estabelecerem na Terra Santa, a ciência ficou em poder dos sábios essênios, que mantiveram sua cultura intocada, como o fez Moisés. Para poder transformá-la em algo puramente judeu, eles apenas substituíram as figuras hieroglíficas egípcias por símbolos das Sagradas Escrituras e do alfabeto hebraico. Mas, antes disso, por volta de 50 a.C., com o fim da dinastia dos Ptolomeus (Cleópatra), o Egito entrou em declínio cultural e sua civilização desapareceu por completo no segundo século da nova era. Anteriormente, os grandes iniciados egípcios tiveram suas práticas esotéricas dizimadas pelas tropas de Otávio, a partir do suicídio da rainha e de Marco Antônio. Com esse declínio, perdeu-se a prática, e com a queima da biblioteca de Alexandria por Augusto César, todas as instruções foram também destruídas. Lembramos que a biblioteca ardeu durante três dias e três noites consecutivas, destruindo-se cerca de 6 mil anos de história, civilização e práticas de medicina esotérica e mística.

Após a revolta de Jerusalém, no ano 79 d.C., sob o reinado do imperador Tito Flávio Vespasiano, que ordenou a destruição maciça da cidade, inclusive do templo de Salomão, tão bem profetizado por Jesus, os judeus escravizados se espalharam por todo o Mediterrâneo e, consequentemente, por todo o domínio romano. Foi quando passaram a receber o nome de cristãos e a não mais conservar as técnicas místicas, porque apregoavam que Deus mandou Seu filho como o Messias e salvador de toda a humanidade. Então passaram a depreciar a tão rica e maravilhosa arte mística da Kabbalah, à qual atribuíram conhecimentos puramente judaicos e desprezaram totalmente suas origens egípcias. Porém, alguns "rabinos" essênios mantiveram em seu poder os manuscritos que continham as fórmulas mágicas da Kabbalah. Elas continham as formas antigas e puras do misticismo judaico, que consistiam inicialmente em uma doutrina empírica.

Mais tarde, sob a influência da filosofia neoplatônica e neopitagórica, que também são frutos da Ciência Tehuti, esta assumiu um caráter especulativo. Na Era Medieval, desenvolveu-se bastante com o surgimento de textos místicos, como o *Livro da Luz*, do qual há menção antes do século XIII, porém o mais antigo trabalho literário sobre a Kabbalah é o *Livro da Formação*, considerado anterior ao século VI. Nesse escrito se expressa que o mundo é a emanação de Deus, mantendo os traços religiosos impetrados pelo profeta Moisés.

Podemos ir até um pouco mais longe em nossas expectativas e divagações, mas raciocinem comigo assim: será que a Arca da Aliança realmente existiu? Se existiu, deveria conter os livros de Moisés. Eesses escritos também poderiam conter o segredo da Ciência Tehuti e a base do cálculo da futura Kabbala judaica?

Essa descoberta poderá alterar consideravelmente a base de toda a teologia judaica e cristã. Seria possível ainda desmistificar todos os profetas bíblicos, desde João, o Batista, até seus antecessores, pois eles não mais teriam necessidade de existir, e se manteria mais a filosofia apregoada pelo mestre Jesus. Mas os profetas bíblicos que vieram depois de Moisés poderiam ter pleno conhecimento da Ciência Tehuti e, por meio dela, conseguirem profetizar. Vocês até podem pensar o contrário, mas tudo me leva a essas conclusões, são minhas e pessoais, mas até que poderiam ser!

Porém, tudo se transformou em objeto de estudo sistemático do eleito, para os possuidores ou mestres da Kabbalah. Os estudantes daquela ciência tornaram-se, mais tarde, conhecidos como "os iniciados" (com a mesma conotação usada no antigo Egito); do século XIII em diante, ramificou-se em uma literatura extensiva.

Grande parte das formas de Kabbalah ensina que cada letra, palavra, número e acento da Escritura contêm um sentido velado; e explica os métodos de interpretação para verificar esses significados ocultos.

Alguns historiadores de religião afirmam que devemos limitar o uso do termo Kabbalah apenas ao sistema místico-religioso que apareceu depois do século XI, e usam outros termos para se referir aos sistemas esotérico-místicos judaicos de antes do século XII. Outros estudiosos veem essa distinção como arbitrária. Nesse ponto de vista, a Kabbalah do pós-século XII é vista como a fase seguinte em uma linha contínua de desenvolvimento que surgiu dos mesmos elementos e raízes. Dessa forma, esses estudiosos sentem que é apropriado o uso do termo Kabbalah para se referir ao misticismo judaico desde o primeiro século da Era Cristã.

O Judaísmo ortodoxo discorda com ambas as escolas filosóficas, assim como rejeita a ideia de que a Kabbalah causou mudanças ou desenvolvimento histórico significativo.

Desde o fim do século XIX, com o crescimento do estudo da cultura dos judeus, a Kabbalah também tem sido estudada como um elevado sistema racional. Instrutivo ao estudo do desenvolvimento da Kabbalah é o *Livro dos Jubilados*, escrito no reinado do rei João Hircano. Ele oferece uma teoria baseada nas 22 letras do idioma hebraico e conectada com a cronologia judaica e a messianologia, ao mesmo tempo que insiste em uma melhor compreensão do mundo e das pessoas como indivíduos por meio de um sistema místico, baseando-se no parecer como uma primeira tentativa por parte dos sábios judeus em fornecer uma tradição mística empírica, com a ajuda de ideias platônicas e pitagóricas do poder criador de números e letras, e as influências que eles representam nas relações humanas.

O sistema da dualidade dos poderes divinos bons e maus, no qual se baseiam tantos segmentos místicos como o Zoroastrismo, pode ter influenciado a constituição da antiga Kabbalah antes mesmo de o profeta Moisés tê-la levado para a Palestina, e manteve o conceito em torno da árvore da vida egípcia, em que o lado direito é fonte de luz e pureza, e o esquerdo, de escuridão e impureza. Essa dualidade também é encontrada nos velhos encantamentos babilônicos e evidenciada em favor da antiguidade da maioria das ideias da ciência da Kabbalah.

O termo Kabbalah somente passou a ser usado no Ocidente em meados do século XI e referia-se à escola do pensamento judaico, sendo relacionado ao misticismo esotérico. No decorrer dos tempos, trabalhos sobre a Kabbalah ganharam maior força fora da comunidade judaica, e versões cristãs desenvolveram-se a partir do século XVII. Passou a ser utilizada por filósofos, neopagãos e todo tipo de grupo religioso.

Atualmente, a palavra Kabbalah pode ser usada para descrever muitas escolas judaicas, cristãs ou neopagãs do misticismo esotérico. Leve-se em conta que cada grupo desses possui diferentes conjuntos de livros, mantidos como parte de sua tradição, e rejeita as interpretações dos outros grupos. Podemos verificar que a Kabbalah sofreu sérias alterações em seu contexto original, sendo inclusive associada a grupos religiosos, escola mística ou mesmo filosófica.

A Kabbalah judaica que foi levada para a Europa, proibida e perseguida impiedosamente durante o reinado de terror da Inquisição europeia, tomou formas diversificadas, dependendo do nível cultural e da região em que era ministrada.

Conheci o mestre estudioso das artes mágicas e místicas do antigo Egito sem ter qualquer ligação com grupos filosóficos ou religiosos. Ele não excluía a necessidade da religiosidade e das crenças na vida de uma pessoa, de um povo; pelo contrário, ele apregoava sempre a distinção filosófica entre Buddha e Jesus, citava constantemente os profetas bíblicos, em suas necessidades de transmitir para os seres humanos a grata compreensão das coisas de Deus.

Dizia, inclusive, que havia recebido os ensinamentos de seu pai, como já lhes descrevi, e me confidenciou que o avô supostamente concedia consultas por meio de um oráculo muito antigo que ele chamava de "Ciência Tehuti"; em sua casa à beira do deserto, recebia pessoas de muitos lugares. A ciência chamada Tehuti ou Kabbalah que ele me transmitiu não tem nenhum cunho religioso, como já expliquei, e seu principal objetivo é auxiliar as pessoas a se conhecerem muito mais e profundamente, ajudá-las a eliminar suas compulsões negativas e, consequentemente, o sofrimento, e a se tornarem puras aos olhos do Universo Criador e gerador de toda a vida.

Esse Universo Criador não tem uma conotação exata de Deus, mas poderia referir-se a Ele. Na Antiguidade, o maior objetivo do povo egípcio era poder viajar na barca dourada de Rá todos os dias, e por toda a eternidade, juntamente ao faraó. Isso apenas ocorreria se o indivíduo fosse puro aos olhos de Osíris, o deus da morte. Foram-lhes atribuídos poderes mágicos, o que acredito que tenham, mas uma coisa muito importante e que posso até lhes afirmar é: se conseguirmos eliminar todas as nossas compulsões, poderemos atingir a iluminação, como apregoou o Budismo, e sermos salvos, como os cristãos, judeus ou muçulmanos esperam ser. Cheguei a essas conclusões por meio das práticas do Budismo fundamental, ou seja, pelos conhecimentos das sagradas *Sutras*, que não aparto dos conhecimentos adquiridos por intermédio da Ciência Tehuti ou mesmo dos conhecimentos cristãos, os quais com muito sucesso utilizo para poder dar uma conotação ocidental a duas culturas puramente orientais e muito antigas.

Devemos ainda lembrar que a Ciência Tehuti foi o primeiro oráculo que surgiu em todo mundo, e posso lhes garantir que sempre existiu uma curiosidade de todos os seres humanos sobre as previsões do futuro de si mesmos, da família ou até de uma nação.

Por isso não podemos nos esquecer jamais de que todas as formas de oráculos existentes tiveram sua iniciação por meio dessa ciência e, portanto, da cultura atlante/egípcia.

Quando a Etiópia invadiu o Egito e fixou ali seu reinado, inclusive seus reis se transformaram em faraós, estes eram chamados de reis negros do Egito, conhecidos também como os hicsos. Eles foram triunfalmente derrotados pelo faraó Tutmés I, que os perseguiu em retirada até as fronteiras ocidentais do reino, levando consigo todo o sincretismo religioso egípcio. Isso porque antes acreditavam apenas no sol como o ser regente e criador, e em sua esposa, a Lua, que provia a vida por meio das chuvas. Levaram também toda a gama dos deuses e apenas os substituíram no decorrer de longos dois séculos por deuses africanos. Foi nesse momento que surgiu a religiosidade africana ou mesmo as raízes do Candomblé, que se espalhou por todo continente, e carregaram consigo os ensinamentos do oráculo de Tehuti, o qual pode ser o antecessor do jogo de búzios, tão bem difundido nas culturas africanas.

Quando Platão visitou o Egito, levou consigo, para Delphos, sacerdotes de Amon-Rá, que também passaram a se utilizar de um método de consulta em que as sacerdotisas eram incorporadas por divindades (espíritos), para poder atender aos consulentes e lhes ministrar conselhos e conceitos. Esse oráculo estava diretamente ligado ao oráculo de Amon e suas consultas serviriam para todos os assuntos relacionados à vida cotidiana. Decisões importantes seriam tomadas por meio dessas experiências místicas egípcias.

Mas o Egito também recebeu Pitágoras, que se envolveu profundamente na sua filosofia religiosa e desenvolveu um método pitagórico de leitura, que seria hoje a numerologia pitagórica, derivada do Oráculo de Delphos. No século IX, foi associada à Kabbalah judaica e passou a ter cunho de numerologia kabbalística, em decorrência da sua relação com os números de origem e nascimento que todas as pessoas possuem. A partir disso, desenvolveu-se um método que muito tem ajudado as pessoas em seu cotidiano e mesmo no conhecimento profundo do ser interior, com suas limitações, anseios e objetivos.

Não descarto, em hipótese alguma, a eficácia desses métodos, muito pelo contrário, devo e, por conhecê-los profundamente, posso enaltecê-los. Tales de Mileto, o grande pensador e filósofo ateniense, foi quem mais despertou os interesses filosóficos pelo antigo Egito. Foi seguido também pelo legislador Sólon e pelo poeta Homero, mas foi para Euclides que o Egito mais forneceu informação na arte matemática, inclusive o cálculo do "Pi", perfeito, tão usado em todas as construções egípcias. Desenvolvido pelo sábio Imhotep, forneceu aos gregos a base do cálculo e foi também utilizado em todas as construções gregas a partir de então, bem como nas construções das pirâmides, mas o primeiro cálculo foi usado por esse sábio egípcio muito antes de todos eles.

Posso e devo lhes afirmar que toda forma de quiromancia, leitura de mãos, runas, borra de café, tarô (difundido inicialmente na Idade Média na Europa) derivou da Ciência Tehuti, e na África por meio dos etíopes, apesar de existirem relatos do surgimento do tarô na Caxemira ou Punjab bem antes do início da pregação do louvado Buddha. Por isso, as sagradas *Sutras* condenam veementemente a prática da leitura da sorte ou mesmo métodos de adivinhação que procuram demonstrar o futuro das pessoas.

A borra do café teve sua origem nos países árabes, principalmente na Etiópia, onde foi descoberto o café, e passou a ser utilizada amplamente.

A leitura de mão teve seu início nas culturas ciganas da Hungria e da Espanha durante o século XVI, que se derivou da leitura das mãos da Península Ibérica durante a invasão moura no sul da Europa, onde foi muito intensificada. Tinha sua base na leitura do tarô, que surgiu entre os séculos X e XI na Índia ou mesmo na Pérsia, onde eram utilizadas desde que Alexandre, o Grande, invadiu o Egito e levou consigo sacerdotes e sábios que difundiram novas técnicas por meio do oráculo inicial de Amon-Rá.

As runas tiveram seu início nos países nórdicos; durante o século XV, espalharam-se principalmente pela Bretanha durante o avanço viking proveniente da Noruega. Foi uma técnica amplamente utilizada pelos sacerdotes celtas ou druidas, descendentes diretos dos visigodos e dos ostrogodos, que tiveram suas bases em rochas superpostas verticalmente, dispostas de maneira exata, que correspondem aos astros ou estrelas no céu e cujo sentido ou mesmo significado estavam diretamente relacionados às posições estelares egípcias. Essas técnicas eram mantidas sob o mais absoluto sigilo e apenas eram transmitidas de mestre para discípulo, diretamente.

Posso e devo enfatizar ainda que a Ciência Tehuti foi como o Egito é para o mundo, o berço da civilização ocidental, o berço do misticismo e do Espiritismo e de suas manifestações.

Capítulo 4

O Conhecimento por meio da Filosofia Religiosa dos Antigos Egípcios

"Rá singra sob a brisa suave...
Sul e norte velam-te, leste e oeste adoram-te.
Oh! Primogênito da terra, que passaste a existir por ti mesmo!
Ísis e Néftis te saúdam e te coroam neste barco,
dobram seus braços por trás de ti a te protegerem.
as almas do leste seguem atrás de ti,
as almas do oeste rejubilam ante a tua presença.
Governas todos os deuses,
recebes o coração cada vez maior no interior do teu santuário.
A serpente criminosa já foi atirada ao fogo
e teu coração há de ser cada vez maior, desde que tua mãe Nut
o concebeu ao teu pai Num."

Hino em homenagem a Rá
(23ª dinastia)

O antigo Egito vivia uma relação muito íntima com o nascimento, a morte e o renascimento. A própria deusa Nut, como já expliquei, tinha a representação da mulher curvada, tendo a abóbada celeste em seu ventre; os seios seriam a formação do Nilo; tinha a cabeça voltada para o Oriente (morte) e a vagina para o Ocidente (vida ou renascimento), uma vez que todos os seres nasceram por meio de Nut...

Temos, portanto, a maior de todas as realidades egípcias: a de que todos viviam mais para a morte e o renascimento do que para a vida propriamente dita.

A Ciência Tehuti ensina que todo ser humano é composto de três elementos.

O primeiro elemento, e o maior de todos, é a alma tida como imortal, porque por meio dela se podia atingir a união máxima com a essência criadora.

O livro de Gênesis diz: "Criou Deus o homem à sua própria imagem, à imagem de Deus o criou; homem e mulher os criou" (Gên. 1-27). Essa imagem e semelhança seriam a alma ou o espírito propriamente dito, que entra no corpo físico no momento da concepção; é a natureza emocional e a consciência puramente genuína e divina que temos. A alma poderá ser melhorada e aprimorada com o passar do tempo, desde que estejamos espiritualmente despertos. Essa energia nos separa de todas as outras formas de vida e existências, e nos dá a consciência da existência e da presença Divina, de que todos somos centelha integrante.

O segundo elemento é o que contém nosso espírito e detém as virtudes morais, e o poder que temos de distinguir o bem do mal, que direção seguir nos negócios, na profissão, as opções e as decisões que tomaremos durante toda a vida. É a parte da alma que permite a percepção que temos da força divina com a essência criadora.

O terceiro é o corpo físico que recebemos no momento da concepção e que levaremos por toda a vida. Ele é tido como um elemento sagrado porque nos foi "emprestado" por um tempo predeterminado e deverá retornar ao seio do elemento que o criou (natureza). Por essa razão, existia a crença da mumificação dos corpos: esse corpo teria de ser preservado para que pudesse renascer perfeito e sadio.

A alma dos indivíduos, quando o corpo não está completamente preservado, poderá alterar o estado emocional do espírito, e a alma não conseguirá renascer novamente. Se isso ocorresse, toda a família teria seu destino (*shad*) alterado ou mesmo amaldiçoado e ninguém escaparia do julgamento de Anúbis, o chacal; também não poderia entrar no reino de Osíris, ou seja, desfrutar as boas aventuranças e saborear os favos de mel, que seriam o néctar dos deuses. Essa maldição poderia perdurar até a quarta geração.

Existia um conceito de que o oráculo podia predizer acontecimentos futuros, e passou a ser consultado como uma referência às ciências místicas, secretas ou mesmo mágicas.

Pensava-se que, por intermédio dessa ciência, os indivíduos poderiam obter posição e até poder por meio de suas práticas mágicas. Mas o que podemos realmente afirmar é que se trata, sem dúvida, de uma ciência oculta, que visa mostrar o direcionamento correto para as pessoas adquirirem sabedoria a fim de poderem mudar e melhorar a vida, por meio da fé, do amor incondicional e da perfeita união com a espiritualidade maior mediante a perseverança.

O calendário egípcio tem seu início (Ano-Novo) no outono do hemisfério norte, tendo sua data-base móvel de acordo com o posicionamento solar das 12 posições estelares e seus nove posicionamentos. É composto pelos cinco elementos de transmutação, que receberam o nome dos deuses egípcios, com o correspondente número estelar, que seria o número do destino que todas as pessoas possuem. Seria mais ou menos seu número de sorte, que o acompanhará para sempre, e terá sua vida definitivamente ligada a essa estrela, que mantém o verdadeiro sentido do destino.

Podemos, portanto, verificar os principais deuses do panteão egípcio, tendo como base sua importância para as primeiras dinastias. Para isso, não se levou em consideração a querela dos deuses impetrada pelo faraó Amenófis IV ou Akenaton e sua esposa Nefertiti. Quando ocorreu em seu reinado desastroso a desmistificação dos deuses antigos, os sacerdotes de Amon-Rá, mesmo escondidos, preservaram na íntegra e secretamente todos os manuscritos que mantinham a união do clero, a hegemonia dos deuses e o poder absoluto do sumo sacerdote a Amon.

Como podemos ver, cada elemento tem um posicionamento e um sentido na personalidade da pessoa, e isso influencia todas as suas escolhas na vida, profissão, casamento e todas as opções.

O oráculo apenas verifica a posição no momento do nascimento, qual deus e o número estelar correspondentes, juntamente aos deuses e números dos pais, para então posicioná-los na atualidade, dando uma ideia bem ampla das condições predeterminadas pelo destino de cada um e, principalmente, como mudar a negatividade e ser feliz, prosperar e ter boa saúde.

Existe ainda a possibilidade de previsões futuras, em torno de um ciclo de 13 ou 15 anos, sendo possível prever acontecimentos que poderão ser amenizados ou mesmo evitados. Saber a melhor decisão que deverá ser tomada, a profissão, as mudanças a fazer, além das decisões que devemos pôr em prática na vida e como executá-las.

Capítulo 5

Os Deuses Egípcios

"Oh! Touro do Ocidente (isto é, Osíris), sou o deus da proteção! Lutei por ti.

Sou um daqueles deuses do conselho que apoiaram Osíris contra seus inimigos naquele dia do juízo. Sou um dos deuses, filhos de Nut, um dos que mataram os inimigos de Osíris e prenderam os que se rebelaram contra ele. Estou entre os teus defensores. Hórus! Lutei por ti, defendi teu nome. Eu sou Thoth, aquele que apoia Hórus contra os inimigos no dia do juízo, na grande Morada do Príncipe, em Heliópolis."

Oração a Thoth, o escriba, texto extraído do *Livro dos Mortos* (1ª dinastia)

Devemos nos lembrar de que todos os deuses da Antiguidade tinham a forma antropoforme, ou seja, uma mistura de ser humano e animal. Possuíam também as mesmas emoções, sensações, desejos e até algumas falhas que seriam inerentes aos seres humanos.

Para eles existiam três mundos distintos entre si, mas que, no final, se objetivavam na mesma personalidade religiosa e espiritual. O primeiro mundo era o Dwat, o mundo inferior e de sofrimentos; o segundo era o Ta, que era o mundo dos seres superiores; e o terceiro era o Nut, um mundo intermediário. A alma que se alojava no coração das pessoas viajava inicialmente da Terra para o mundo de Nut, onde deveria ser depurada. Em seguida, ia para o mundo dos espíritos superiores ou de Osíris, onde teria a vida eterna e não haveria mais necessidade de reencarnar no mundo dos vivos.

É muito importante que tenhamos a compreensão mais exata possível dos deuses, ou pelo menos uma noção básica da religião e dos deuses, bem como da dualidade que cada pessoa e Deus tinham. Mas a religião egípcia era extremamente complexa em relação a todas as demais culturas que existiram nos primórdios da civilização, e continua sendo, porque temos ideias preconcebidas do Cristianismo judaico e, muitas vezes, dificuldade de crer no que os egípcios acreditavam.

Quando os hebreus habitaram o Egito, não havia sacerdotes, mas sim patriarcas e os venerados profetas, que levavam as palavras de Deus a todos os locais por onde iam com seus rebanhos, família e os demais membros da tribo de nascimento, ou seja, viviam uma vida nômade por todo o Oriente Médio, mas já existia a formação das tribos de Israel. Após viverem 300 anos nas terras dos faraós, e com o êxodo por meio de Moisés, como haviam assimilado sua cultura de construir templos e locais de oração edificados para Deus, continuaram essa prática, inclusive com a construção do Templo de Jerusalém. Então, em todas as cidades da Caldeia ou nas terras de Ur (inicialmente a Palestina tinha essas denominações, porque existiam apenas cidades-estados, cada uma era governada por seu próprio rei e tinha vida independente), edificaram templos que chamaram de sinagogas.

Vale lembrar que, antes da estada no Egito, os hebreus não construíam absolutamente nada e ainda não tinham exatamente a formação de uma casta sacerdotal (essa casta somente passou a existir após a escrituração e a divulgação dos livros de Moisés, porque tais leituras exigiam maior conhecimento teológico e eram poucos os membros da comunidade judaica que tinham acesso às escolas, normalmente ministradas pelos rabinos nas sinagogas), mas a formação religiosa mantinha Deus como o centro de toda a vida e eternamente existente. A própria imortalidade da alma foi assimilada aos dogmas judaicos por meio da cultura egípcia, bem como as punições para quem não cumprisse os ditames divinos.

Mas tomo a liberdade de lhes perguntar: será que aqueles deuses egípcios não eram os verdadeiros deuses (em espírito), que passamos a desacreditar depois do Cristianismo, não nos esquecendo de sua base filosófica judaica?

Lembro-me de ter lido um antigo papiro encontrado próximo a Karnak (onde se localizava o templo de Amon-Rá), que meu mestre traduziu para mim. Nele havia instruções detalhadas para que o sacerdote denominado "guardião do deus" pudesse adentrar a câmara onde jazia a figura do deus, e rezava textualmente o seguinte:

"Quando adentrar o recinto sagrado do Santo dos Santos, deve fazê-lo descalço, após um banho completo. Colocar oferendas de frutas e pães frescos para o deus, trocar-lhe a tanga vermelha por uma nova, que nunca tenha sido usada. Ao se afastar, deve fazê-lo sempre de frente, nunca deve dar as costas ao deus e seu altar. O chão onde pisou deve ser limpo com *lavandula angustifolia* (lavanda ou alfazema); essa limpeza deverá ser executada de joelhos e de cabeça baixa, jamais em momento algum deverá olhar a imagem do deus de frente".

Vejam o nível de veneração que os antigos tinham para com os deuses e a casa onde eles habitavam. Para podermos entender exatamente o que é o Oráculo Egípcio ou Kabbalah Egípcia, faz-se necessário estudarmos os deuses do panteão egípcio, para que todos possam conhecê-los e também a personalidade deles.

Os deuses ofereciam significativos exemplos para que seus fiéis seguidores pudessem viver no mundo pós-morte, ou seja, o mundo do Oriente e reino de Osíris. Isso só seria possível se seguissem fielmente os ditames divinos, inclusive os que haviam sido escritos por Tehuti no *Livro dos Mortos* egípcio, que contém os mandamentos para a vida eterna.

Devemos nos lembrar também de que os egípcios, principalmente influenciados pelo sábio Imhotep, foram os primeiros a acreditar em um único Deus, capaz de lhes prover a vida. Esse ser superior criou tudo o que existe no mundo; esse Deus que é imortal não teve princípio nem terá fim, está sempre oculto e dentro de cada pessoa, seja egípcio ou não. É o criador universal de todas as coisas, e tudo que existe foi feito por Ele ou por meio Dele. Somente os iniciados no grande segredo da confraria egípcia, no templo de Amon em Tebas, tinham total acesso a essa informação, mas diante das necessidades do próprio povo egípcio, foi dado a ele o nome de Emehen-Rá, ou seja, "A Luz que se Oculta", aquele que existe e não se pode ver, ou Atum-Rá (fonte de toda luz existente). No reinado de Akhenaton, foi chamado de Aton-Rá (o criador da luz eterna). Mas dentro do sincretismo religioso, Ptah (o escondido) foi quem criou o mundo e tudo que nele habita, colocando a deusa Maat como abóboda celestial para proteger o mundo.

No decorrer das 26 dinastias conhecidas e com o aparecimento de novos filósofos e pensadores no meio religioso, especialmente no Templo de Amon-Rá em Tebas, foram agregados aos deuses sentidos mais humanos, para que o povo em geral se aproximasse mais deles e do clero, principalmente para que ninguém abandonasse os templos e sua cultura religiosa, porque o Egito se baseava de forma exclusiva na religião e, consequentemente, as oferendas eram bastante dadivosas para os templos e seus sacerdotes.

Surgiram no Egito as primeiras oferendas em ouro, o que foi seguido pelos hebreus quando se instalaram na Palestina, inclusive o dízimo, que já era amplamente usado no Egito 1.500 anos antes de Moisés, para que os templos pudessem ter renda própria e separar-se do controle do faraó; eles também recebiam vultosos subsídios do tesouro real.

Inclusive os mandamentos que são atribuídos a Deus, por meio de Moisés, já estavam contidos no *Livro dos Mortos*, porque aquele que mata, rouba e desonra os pais não conseguiria manter a balança de Anúbis equilibrada. E quando se dizia "não cometerás falso testemunho", seria diante da justiça dos deuses; já "nem cobiçarás a mulher do próximo" era porque quem cometia adultério não poderia adentrar o reino de Osíris, pois no antigo Egito o matrimônio era indissolúvel, inclusive no sentido de manter as fortunas indivisíveis. Por essa razão, todo nobre abastado tinha uma consorte que lhe era dada em casamento e geraria seus herdeiros, e um harém, que muitas vezes era vasto, para o verdadeiro prazer sexual. Quem não seguisse esses mandamentos não mereceria viver após a morte no reino maravilhoso de Osíris e teria seu coração devorado pela deusa Ammut, logo após ser pesado na balança de Anúbis.

O medo dos antigos egípcios para com os deuses e o pós-morte os fez acreditar piamente naqueles mesmos mandamentos que até hoje muitos creem. Mas podem acreditar, foi Tehuti quem os elaborou, e não Moisés, que apenas os copiou.

Todos os hebreus eram analfabetos, porque os egípcios jamais permitiriam que tivessem acesso a qualquer tipo de escrita ou cultura, mas somente à sua religião, além de que a suprema ignorância gera a morte, e os egípcios precisavam ser letrados para poder entender os portais e seus guardiões para onde se dirigiriam no pósmorte. Isso está muito bem explicado no *Livro dos Mortos* egípcio. Como todos sabem, Moisés era um príncipe egípcio, iniciado nas artes mágicas do templo de Amon em Tebas. Era muito letrado, além de um grande guerreiro, o único que conseguia ler fluentemente os hieróglifos. Escreveu as tábuas dos Mandamentos no sentido de continuar sendo ou sentindo-se superior a todos de seu próprio povo e se autodenominou enviado por Deus para estabelecer seus ditames, mas era algo que já existia 1.500 anos antes dessa época.

Na minha concepção, Deus, em sua perfeita sabedoria, já colocou tudo isso em nossa essência máxima de fé, e não precisaria de nada escrito para nos dizer o que era certo ou errado. Poderia até mandar intermediários para falar conosco, apesar de que Ele mesmo tem o poder para nos falar. Mas a maioria das pessoas não consegue ou se recusa a entender as mensagens de Deus, e podem crer que isso foi criado e mantido pelo homem, mais no sentido de "eu tenho a palavra de Deus, então tenho poderes mágicos, milagrosos e posso lhes curar até a alma se o merecerem", e, com certeza, Deus não tem nada a ver com isso.

Ele, em sua suprema sabedoria, mandou o louvado Buddha para nos oferecer a sabedoria e atingir o Nirvana por meio dela, assim como enviou o mestre Jesus, o Cristo, para que essa mesma sabedoria fosse iluminada com amor, compaixão e igualdade, para que todos possam ascender aos reinos de Deus, amando sabiamente, pois somos todos iguais aos olhos de Deus, não somente esta ou aquela etnia.

Esses conceitos antigos do berço da civilização foram levados por muitos filósofos, pensadores, guerreiros e invasores do Egito. Foram disseminados pelo mundo civilizado da época, com técnicas em ourivesaria, misturas químicas para unguentos e medicação; para os tingimentos das roupas muito usadas e levadas pelos fenícios; na técnica da prensa das olivas; pelos cartagineses, para o melhor cultivo de uvas para um vinho pródigo e generoso; foram levados por Alexandre, o Grande, dispersados por todo Mediterrâneo e amplamente utilizados em Roma.

Então podemos ver que muitos conceitos que perduram até hoje já existiam no Egito há 5 mil anos. Vejam um fato curioso, não havia sepulturas na Palestina antes da chegada dos hebreus, porque como era hábito em todo o Oriente Médio, na Ásia e muito bem disseminando por Alexandre, Dário, Nabucodonosor e Xerxes, e por meio das conquistas romanas, cremavam-se os cadáveres. O hábito de submeter os mortos a tratamentos, sepultá-los e de deixar legados para a posteridade era puramente egípcio, que foi assimilado pelos hebreus, pois na época de sua escravidão, os egípcios não permitiam seus sepultamentos em solo sagrado do Egito. Os corpos dos escravos eram lançados no deserto, para que os abutres e chacais deles se alimentassem, o que para os egípcios era uma forma de desonra e de fazer desaparecer a personalidade daquela pessoa.

Para os egípcios, todos, até os da mais baixa casta, eram embalsamados e sepultados com todas as honras que tiveram em vida, por causa do reino pós-morte de Osíris. Os hebreus, após a saída do Egito, quiseram dar a mesma conotação ao homenagearem aquele que já havia partido deste mundo. Isso ocorreu no próprio sepultamento do mestre Jesus, e quando foram passar unguentos em seu corpo, ele havia ressuscitado ou desaparecido. Está aí a maior prova da cultura egípcia em todos os segmentos da humanidade desde a sua concepção.

Não tenho mais nenhuma dúvida de que o Egito foi o berço da civilização do mundo. Acredito também que os egípcios foram os remanescentes do povo de Atlântida. Peço-lhes licença para fazer um pequeno parêntese, para que todos possam compartilhar de minhas pesquisas sobre Atlântida e Egito.

Quem inicialmente escreveu sobre uma suposta ilha que havia sido submersa e seu nome era Atlântida foi Platão. Ele tomou conhecimento dessa ilha por meio de Sólon, que deixou escrito que os sacerdotes de Amon-Rá em Saís, norte do Egito, lhe haviam narrado sobre a existência dessa ilha fantástica e seu maravilhoso e engenhoso povo, a qual desapareceu sob as águas do grande verde. Os egípcios a chamavam de Etelenty. Atlântida era o nome grego para essa grande ilha. O povo da Grécia acreditava que ali o Deus único criou os primeiros seres humanos.

Foram criados inicialmente os quatro casais que deram origens à humanidade: o primeiro casal foi Emen e Emenet. O segundo casal era Heh e Hehet. O terceiro, Kek e Keket; e o quarto, Nun e Nymit. Vieram por meio de Nu às águas turbulentas, e quem os trouxe foi Khnemu, o grande imortal da ilha mãe. Estabeleceram-se em Heliópolis, que antigamente se chamava Eunu. Foram os grandes mestres Tehuti e Imhotep que lhes transmitiram os cálculos exatos do "Pi", com a base de cálculo das pirâmides que até hoje podemos observar.

Em minhas pesquisas, observei que Atlântida existiu há 50 mil anos, e não era simplesmente uma ilha, mas sim um grande continente. Sei também que os atlantes conviveram com os lemurianos e que, talvez, até os tenham escravizado; sua terra localizava-se onde hoje se situa o continente australiano.

Uma série consecutiva de abalos sísmicos e vulcões imensos mudou radicalmente o eixo da Terra há 28 mil anos e afundou o continente. Os atlantes, com certeza, tinham plenos conhecimentos de engenharia e, consequentemente, sabiam como construir pirâmides. Existem vários pesquisadores que afirmam que essas edificações partiram de seus cálculos e, portanto, do exato cálculo do "Pi", bem como detêm conhecimentos de que essas edificações nada mais eram do que catalisadores de energias, permitindo que as pessoas previamente selecionadas entrassem em um estado de consciência, alterando seu sentido de tempo e espaço.

Os atlantes tinham também grande desenvolvimento da capacidade psíquica, entre muitas, até a telepatia e a mediunidade, e faziam uso de todos esses sentidos para saber que o fim da grande nação estava próximo. Por meio dos lemurianos, que já estavam habituados à sua civilização, conseguiram enviar seus conhecimentos para várias partes do planeta.

Muitos lemurianos conseguiram migrar para a grande ilha da Austrália, para o norte da África e continuaram vivendo em seu estado primitivo.

Quanto aos atlantes, uns foram para o Egito e outros para a América, fixando-se a princípio no México e, posteriormente, com a criação das culturas maias, astecas e totelcas, foram se disseminando por toda a América Central e do Norte, inclusive onde hoje é o Canadá.

Vale a pena lembrar que, por meio da etnia dos índios americanos (do norte), sua cultura era extremamente avançada para aquela época. Houve uma assimilação da filosofia atlante por parte de uma casta privilegiada dos lemurianos, enquanto os índios da América do Sul, principalmente das bacias amazônica e da prata, ou seja, as nações tupi e guarani, ainda estavam em estado de desenvolvimento; seriam, portanto, os próprios lemurianos.

Apenas raciocinem assim: os atlantes tinham maior necessidade de construir em pedras e deixar para a posteridade as marcas de sua passagem pelo planeta. Os lemurianos viviam um dia após o outro, não tinham necessidades de preservação étnica, mas só da própria espécie. Creio ser este o elo perdido da formação das raças-mãe e suas castas: os lemurianos nada construíam porque não havia necessidade para isso, já os atlantes sim, porque precisavam muito disso.

Em meu livro *Imhotep – Profecias do Antigo Egito*, deixo bem evidentes minhas pesquisas sobre a influência dos atlantes na civilização egípcia, babilônica e até dos maias e incas. Imhotep foi o maior atlante que já habitou o mundo, trazia consigo todos esses conhecimentos e os transmitiu por meio de suas obras magníficas, não somente no Egito, mas também nas encarnações sucessivas na Grécia, na Roma clássica (anterior ao domínio das guerras) e na construção de várias obras na Europa medieval, renascentista e neoclássica.

Os egípcios tinham a princípio uma civilização bem parecida com a dos atlantes. Eram extremamente pacíficos, porque em Etelenty seguiam as leis da natureza. Por isso, os deuses egípcios tinham uma figura de ser humano e animal, que representava a integração do ser humano com a natureza, e todos viviam dentro de sua própria essência. Não existiam os aspectos compulsivos negativos de todas as outras civilizações, e, como já disse, os principais deuses atlantes eram o Sol, como o ser da criação, e sua esposa, a Lua, como a mãe complacente; assim, um gerava a energia vital e a outra, a energia da própria vida por meio da procriação de todos os seres.

Eis por que tanta semelhança entre atlantes e egípcios, e podem crer que havia, assim como ainda existem, muitas semelhanças a serem descobertas. Já tive muitos contatos com os atlantes, eles são seres extremamente fluídicos e iluminados, porque graças à sua evolução espiritual, não mais necessitaram encarnar na Terra. Na verdade, os primeiros seres que já retornaram ao paraíso do Pai foram os próprios atlantes, porque plantaram suas sementes. Os espíritos passaram a encarnar no planeta por intermédio deles e, quando sua missão terminou, retornaram ao mundo espiritual, sua grande ilha desapareceu e deixaram os demais entregues, mais ou menos, à própria sorte, para sua evolução.

Assim como em todas as nações do mundo, em todas as épocas, necessitaram transformar-se em guerreiros, a princípio para resguardar suas fronteiras e, posteriormente, para novas conquistas, porque os governantes adquiriram o carma da ganância e da ignorância e não mais se importaram com a valorosa vida humana. Não pouparam talentos para construir máquinas de guerra que aniquilaram populações inteiras e, consequentemente, adquiriram mais carmas, forçando todos a adquirirem muito mais e, dessa forma, afastando todos do Criador Universal. Devastaram grandes civilizações, mostrando que os interesses materiais podem e devem sobrepujar os sentimentos espirituais.

Para maior compreensão de todos quanto ao oráculo egípcio deixado por Tehuti e aprimorado por Imhotep, torna-se necessário estudarmos detalhadamente os deuses egípcios e suas representações, seguindo a ordem cronológica de nascimento do deus que utilizaremos para os cálculos do oráculo.

1 – A deusa Sekhmet

A temida deusa Sekhmet é representada pela figura de uma bela mulher com cabeça de leoa e vestido vermelho, simbolizando seu espírito sagaz e feroz. Em volta de sua cabeça, encontra-se um círculo solar que representa seu calor e sua ardência. Além disso, a deusa egípcia carrega em suas mãos um "ankh" e um cetro, que representa força, e a serpente Uraeus como símbolo da vida, da sabedoria e da cura. Era a deusa da cólera, temida porque poderia trazer peste, destruição e morte.

No Egito, o leão representava o guerreiro; em algumas épocas, associou-se ao Sol. Simbolizava a energia que poderia fortalecer ou destruir a vida. Sekhmete era tida também como a deusa da guerra, sendo muito mais agressiva que os outros deuses. Era venerada em tempos de guerra, para atiçar os soldados no campo de batalha. Tida como esposa de Ptah. No novo império foi substituída por Bastet, a deusa gata, que era sumamente importante em todas as casas egípcias porque representava a deusa Sekhmet, a grande proteção da família.

Era a deusa que podia trazer doenças e também podia curá-las, símbolo das emoções puras e intensas como a raiva, a paixão e a vingança, por ser impetuosa e guerreira com discernimento entre o bem e o mal, assim como por seu senso de justiça. Sua forma de mulher com cabeça de leoa coberta por um véu é um fascínio, principalmente para quem se interessa pela mitologia egípcia, mas também para quem cultiva o "sagrado feminino". Muito poderosa, a deusa Sekhmet teve sua criação relacionada à destruição, mas a força do amor prevaleceu na sua essência.

No antigo Egito, a deusa foi criada pelo deus Rá (o Sol), para punir a humanidade por erros mundanos e pelas ações furtivas e egoístas. Desse modo, Sekhmet desceu ao mundo e com seu rugido estremeceu a Terra, aniquilando todos que desobedeciam a Rá. Daí vem o nome Sekhmet, deusa da vingança.

Porém, entre as vítimas, encontravam-se muitos inocentes. Arrependido, Rá a embriagou com uma bebida vermelha e mágica e depois a transformou na deusa Hathor. Portanto, ela representa duas formas: a deusa Sekhmet, a leoa deusa do ódio e da guerra; e Hathor, a vaca sagrada e deusa do amor e dos prazeres.

Quando da formação do panteão dos deuses africanos, ela foi identificada por Oyá, a senhora da guerra e da vida.

Centro de culto: Mênfis.

2 – A deusa Hathor:

Representada por uma mulher com a cabeça de uma vaca e o disco solar entre os chifres, também identificada por Ísis em algumas antigas dinastias, era a deusa mais venerada do Egito. É a deusa das mulheres, dos céus e da necrópole de Tebas (Vale das Rainhas). Era muito venerada, pois trazia a felicidade. Representada como uma mulher ou simplesmente como uma vaca. Quando da formação do panteão dos deuses africanos, foi identificada por Iemanjá, a grande mãe que gerava a vida.

Hathor, no antigo Egito, era chamada de *hwt-hr*, que significava a casa de Hórus. Era a deusa mais cultuada pelos antigos egípcios; entre suas representações, aparece como uma mulher com o disco solar entre os chifres bovinos, ou mesmo com o corpo de uma mulher e orelhas de vaca, sempre segurando o "was" (cetro com cabeça de um cervo).

A morada dessa deusa era nas plantações de papiro, que era cultivado em toda a extensão do Rio Nilo, onde havia rebanhos de bovinos. Também era a deusa do amor, os gregos associaram Hathor à deusa Afrodite, e os romanos a Vênus. Rituais mágicos e poemas de amor são encontrados nas paredes das tumbas e templos, a beleza e a sensualidade eram seus principais atributos. Músicas eram um componente importante nas celebrações da deusa Hathor, eram cultos acessíveis a todos os egípcios antigos.

Quando da formação do panteão dos deuses africanos, foi identificada como Oxum, a bela deusa do amor, a Orixá das águas e aquela que mantém em equilíbrio as emoções da fecundidade da mulher e da natureza.

Centro de culto: Tebas.

3 – O deus Maahes

Representado por um homem com cabeça de leão, ou mesmo um leão, empunhando uma faca ou cimitarra. No novo império foi identificado como Shu e Neertem, divindades menores.

Deus associado à Guerra, usava na cabeça o disco solar e a cobra sagrada Uareus ou a real coroa do faraó, a coroa *atef* (as coroas egípcias eram o símbolo do poder do faraó, e associadas aos deuses), chamada também de "Khau". Podia ser representado também como um simples leão e, ocasionalmente, como um leão devorando um prisioneiro de guerra.

Seu nome aparece grafado como *Maahes, Mithos* ou *Miysis*, mantinha uma esposa chamada Tekhait, uma deusa-serpente do fogo, bebedora de sangue. Além de guerreiro, esse deus era considerado guardião do horizonte, pois os egípcios associavam os leões ao horizonte, já que os felídeos viviam nos desertos a leste e oeste do Nilo, regiões nas quais o Sol nasce e se põe.

Durante a viagem de Rá, o sol do Egito, pelo mundo subterrâneo, Maahes o ajudava a lutar contra a serpente Apófis (à noite, o deus-Sol Rá enfrentava vários adversários, dentre os quais os mais perigosos eram as serpentes. O demônio líder de todos eles eram a grande serpente Apófis, que também protegia o faraó em suas batalhas.

Era considerado em algumas dinastias como filho de Rá, o deus-Sol, e de Bastet, a deusa gata, em Bubastis (entre os egípcios a cidade era conhecida como Per-Basteth, "casa de Basteth". Atualmente o local é conhecido como Tell-Basta e é popular pelas pesquisas na necrópole dos gatos. Esse deus também era tido como filho de Ptah e Basteth, enquanto em outras localidades dizia-se que era filho de Ptah e Sekhmet ou Rá e Sekhmet. Na realidade, os egípcios confundiam as duas deusas e seus filhos.

Quando da formação do panteão dos deuses africanos, foi identificado como Xangô, o Orixá da força e da justiça.

Centro de culto: Hermontis, Bubastis e Dendera.

4 – O deus Khepera

Representado por um homem com um escaravelho no lugar da cabeça, era tido como autoconcebido, ou seja, apareceu de acordo com a vontade de Ptah, o escondido e criador. Sua principal forma é de proteção porque está representado como a manhã, o renascimento do dia ou a autoconcepção.

Os antigos egípcios o consideravam um deus pacífico, teria nascido de uma flor de lótus, e como mestre de todo o universo, despertando no Oriente. Conduzido pela barca de Rá, que era ouro de 770 côvados, medida egípcia sagrada equivalente a 400 metros de cumprimento, distribuía luz e calor pelo mundo.

Seu nome significa escaravelho, e seu culto é citado nos textos encontrados nas pirâmides. O escaravelho tem por hábito botar seus ovos em esterco animal, assim como em corpos de outros escaravelhos mortos. Essa prática foi observada pelos egípcios e, daí, surgiu a noção de ressurreição e renascimento, associadas ao escaravelho.

Outra prática comum dos escaravelhos, e que também foi observada pelos egípcios, é rolar bolas de esterco pela terra. Isso fez com que fosse associado ao deus Rá, que rola o Sol através do céu. Essa crença fazia com que os egípcios acreditassem que Khepera renovava o Sol todas as noites para, no dia seguinte, apresentá-lo ao mundo, renovado.

Essa ideia de renovação associado ao escaravelho foi levada tão a sério pelos egípcios que aquele que trouxesse consigo uma imagem de um escaravelho tinha garantida a persistência no ser e, se levasse essa imagem para a sepultura, teria certificado o direito ao renascimento para a vida.

Tido como amuleto preferido, os escaravelhos destinados aos mortos eram confeccionados com muito realismo, em pedra dura, e colocados no lugar do coração, no peito das múmias, às vezes, incrustados numa moldura retangular. Esses amuletos já foram encontrados até no peito de certos animais tidos como sagrados pelo povo egípcio.

Centro de culto: Heliópolis

5 – O deus Hu

Representado por um homem de barba longa, significa a "voz autorizada". Está sempre associado a Rá, ou seja, é o condutor da barca dourada de Rá e cruza diariamente o céu do Egito. Representa a criação, o que transformou a primeira palavra que representa a transformação do ser subjetivo ao ser objetivo.

A primeira palavra proferida por "Atum", enquanto ejaculava formando vidas.

Quando da formação do panteão dos deuses africanos, foi identificado como o orixá Oxalá, o senhor do pano branco, o criador da vida.

Centro de culto: Tebas

6 – A deusa Mertseger ou Uraeus

Representada por uma enorme serpente Naja, ou por uma mulher com cabeça de serpente, era símbolo das ciências médicas. Era considerada a protetora dos faraós, por isso a usavam sempre na coroa e sobre a fronte, dando um sentido de proteção contra malefícios e encantamentos. Era também uma das deusas mais temida e respeitada do Egito. Ela destruía os inimigos reais e significa "aquela que ergue". Na proteção do faraó, ela se erguia em sua fronte pronta para injetar veneno em seus inimigos; formava par com a deusa abutre Nekhbet.

Quando da formação do panteão dos deuses africanos, foi identificada como o Orixá Oxumaré. É o símbolo da continuidade e da permanência, a cobra do arco-íris rege o princípio da multiplicidade da vida.

Centro de culto: Tebas.

7 – O deus Mênu

Representado por um homem barbado, itifálico, usando um penteado igual ao de Amon; sua mão direita segura um chicote. Era tido como o deus da reprodução e do sexo, e também considerado uma das formas de Amon. Como a divindade central da fertilidade e possivelmente dos rituais orgásticos, Mênu foi assimilado pelos gregos por causa da semelhança com o deus Pã. Uma das características do culto a Mênu foram as representações das plantas que possuem qualidades afrodisíacas.

Quando da formação do panteão dos deuses africanos, foi identificado como o Orixá Exu. É uma espécie de mensageiro, que faz a ponte entre os humanos e os divinos Orixás. Muitos acreditam que é um Orixá travesso, fiel e justo.

Centro de culto: Akhmin e Coptos.

8 – O deus Hórus de Behte

Representado pelo falcão real, seu nome significa Hórus no Horizonte. Era tido como o deus do céu, simbolizava as forças da ordem triunfando sobre a desordem. Filho de Osíris e Ísis, lutou contra Seth, deus da desordem, venceu a batalha contra o tio e adquiriu o direito de governar o Egito.

Sua maior manifestação era o próprio faraó, seria a parte divina do rei em que os faraós se apoiavam para governar a terra negra, como era chamado o Egito naquela época. Sua representação era um homem com cabeça de falcão, era o deus mais importante do panteão egípcio. Simbolizava também a coroa branca e vermelha da unificação do Alto e o Baixo Egito. Foi tão importante que os gregos o identificaram com o deus Apolo, ou senhor da luz.

De acordo com a lenda no antigo Egito, Hórus foi concebido por Ísis, quando Osíris, seu pai, já estava morto. A lenda sugere que a fecundação ocorreu quando Ísis, na forma de um pássaro, pousou sobre a múmia do esposo, que estava deitado com o pênis ereto, mesmo mumificado, e a engravidou.

Quando da formação do panteão dos deuses africanos, foi identificado como o Orixá Ogum. Os elementos Terra e Fogo acentuam a constituição atlética, viril, agressiva, por causa das lutas que travou durante a vida.

Centro de culto: Tebas, Karnak e a ilha de Philae.

9 – O deus Auf ou Harsaphes (Toth)

Representado por um homem com cabeça em forma da ave íbis ou de um babuíno, era relacionado pelos antigos egípcios à escrita e à sabedoria. Para eles, Toth teria sido o responsável pela criação da escrita hieroglífica, da matemática, da arquitetura, da medicina e de todas as demais ciências das quais os egípcios faziam uso. Segundo a crença dessa civilização, essa divindade compreendia todos os mistérios da mente e da vida humana. Era considerado o deus advogado da humanidade.

Em uma das cenas mais difundidas do *Livro dos Mortos*, o "Tribunal de Osíris", Toth aparece registrando o resultado do julgamento pelo qual o morto deveria passar, a fim de garantir sua vida eterna. Esse julgamento consistia na pesagem do coração do indivíduo que havia falecido, uma vez que os egípcios acreditavam que a consciência das pessoas estava justamente em seus corações. Caso essa parte do corpo se mostrasse mais leve do que a pena da deusa Maat, divindade relacionada à verdade, à ordem e à justiça, o morto teria o direito de viver por toda a eternidade junto do deus Osíris, relacionado ao mundo dos mortos. No entanto, caso o coração ficasse mais pesado que a pena de Maat, o corpo e a alma da pessoa julgada desapareceriam para sempre.

A representação desse deus na forma de íbis com o bico curvado, amplamente difundida pelos egípcios, está relacionada com a Lua. Assim, eles acreditavam que a ave seria um dos representantes terrestres de Toth. Esse deus, além de ser o responsável pela sabedoria, escrita, astronomia, matemática, medição do tempo, entre outros elementos, seria também o deus da Lua.

Quando da formação do panteão dos deuses africanos, não foi identificado com nenhum o Orixá.

Centro de culto: Ilha Elefantina e Heracleópolis.

10 – O Deus Seraphis

Representado por um homem barbado e de cabelos encaracolados, é uma derivação de Osíris e Apis, o touro. Ele usava flores silvestres na cabeça, foi muito reverenciado durante o período Ptolomaico, porque tinha na Grécia a representação de Zeus.

Foi eleito o deus mais amado pelos agricultores e artesãos do primeiro período. Foi uma divindade sincrética helenístico-egípcia da Antiguidade Clássica. Seu templo mais célebre localizava-se em Alexandria, no Egito. Seu símbolo era uma cruz.

Quando da formação do panteão dos deuses africanos, foi identificado como o Orixá Ossaim.

Centro de culto: Assuã.

11– O deus Tuamutef ou Anúbis

Também conhecido no médio império como Anupu, o guardião das necrópoles. Era o deus dos mortos, das mumificações e necrópoles (cidade dos mortos); tinha, portanto, ligações com o processo de mumificação. Dizem que foi o primeiro a ser mumificado no Egito, sendo o responsável por todo o processo das mumificações.

Era representado por uma múmia ou um homem com cabeça de chacal, ou como um chacal puro e simplesmente, mas podia ser simbolizado também como um homem com cabeça de cão selvagem.

Essa associação ocorreu por causa do grande número de chacais que viviam nos arredores das cidades egípcias, inclusive nas necrópoles. Era um dos quatro filhos de Hórus e protegia os jarros canópicos.

Quando da formação do panteão dos deuses africanos, não foi identificado.

Centro de culto: Mênfis.

12 – A deusa Ammuth ou Neith:

Representada por uma combinação de crocodilo, leão e hipopótamo, assistia ao julgamento das pessoas após a morte, devorava a alma do condenado. Era a deusa mais antiga e citada pelos mais antigos textos egípcios, inclusive o *Livro dos Mortos*. Foi protetora inicialmente do Baixo Egito, muito antes da unificação do país.

Como era uma deusa do Baixo Egito, também era deusa da guerra e da caça. Muitas vezes era relacionada ao deus Sobek, que é um homem com cabeça de crocodilo. Também é representada usando a coroa vermelha do Baixo Egito e duas setas cruzadas nas mãos.

Quando da formação do panteão dos deuses africanos, foi identificado como a Orixá Oyá.

Centro de culto: Menphis.

Temos, portanto, os 12 deuses iniciais dos cultos egípcios. Lembre-se de que, posteriormente, surgiram muitos outros deuses, mas o oráculo de Tehuti refere-se somente a esses, que estavam em plena atividade quando dos escritos do oráculo.

Devemos lembrar também que os deuses egípcios podiam viver como seres humanos, nascendo, vivendo, casando, procriando e até morrendo.

No próximo capítulo, estudaremos detalhadamente cada um dos aspectos positivos e negativos dos 12 deuses e suas influências na vida das pessoas, acredito ainda que até hoje. Por que não?

Capítulo 6

Os Deuses Egípcios que Um Dia Veneramos, Amamos e até Idolatramos

Estás em meu coração, não há mais ninguém que te conheça senão Nefer-Kheperu-Rá-Em-Rá, a quem teus desígnios e teu poder dispuseram que fosse sábio! Foi por tua mão que a terra passou a existir, assim como os criaste. Quando surges, eles vivem: quanto te pões, eles morrem.

Viveste todos os dias e todos vivem em ti. Os olhares se detêm ante a tua majestade até que te ponhas: então, quando te pões à direita, todos os labores são deixados de lado.

Hino em homenagem a Aton
(17ª dinastia)

Estudaremos agora a relação entre as pessoas e o deus de proteção, tomando por base a data de nascimento da pessoa. Para melhor entendimento, Tehuti compilou os dados pessoais em relação às informações do deus correspondente ao seu ano; seria mais ou menos um deus de proteção pessoal que todos recebem ao nascer. Seria o anjo de guarda egípcio.

Outro fator importantíssimo que se deve levar em consideração é que o ano egípcio é o solar, portanto, o calendário egípcio muda no dia 9 de março de cada ano, quando ocorrem as mudanças de estação no Hemisfério Norte. Desse modo, é necessário que entendam muito bem três coisas:

a – A pessoa é regida por um determinado deus, que seria a essência divina dentro de cada um.

b – A pessoa tem seu comportamento próprio, independentemente da vontade do deus que está regendo seu ano de nascimento.

Você poderá entender melhor isso a partir da tabela que elaborei para facilitar o cálculo; os dados que coloquei são de 1915 a 2040 (ver capítulo 8).

c – Normalmente, o dia do nascimento é determinado pelos pais (mais exatamente pelo pai). É necessário verificar os três elementos (da pessoa e dos pais) para determinar com exatidão se a maior influência é da família paterna ou materna. Em geral, eu digo para a pessoa assim:

Você é mais filho do pai que filho da mãe, ou vice-versa; isso significa que a pessoa herdou maiores características positivas ou negativas daquele com o qual tem maior afinidade, mas também que possui os carmas familiares dos antepassados mais fortes.

Se o pai (por exemplo) é falecido, não importa, mesmo assim ele continua vivendo, e seus carmas e compulsões também. Se os pais são separados ou não se conheceu um ou outro, ou mesmo em caso de adoção, também não importa, porque, a partir do momento que fomos gerados, herdamos as características dessas pessoas (positivas e negativas).

Lembramos que no antigo Egito o ciclo positivo era de 13 ou 15 anos, quando mudava a posição do deus regente.

Temos, portanto, 12 deuses do panteão egípcio que estão diretamente ligados ao destino das pessoas. Temos também nove estrelas regentes, que demonstram o período positivo e o negativo de cada pessoa dentro do período de 13 ou 15 anos.

Na tabela, estão contidos os signos (12 anos), as estrelas (nove anos), o período diário (30 dias) e o mensal (12 meses), para podermos calcular os períodos positivo, neutro e negativo.

Esses períodos seriam como as quatro estações do ano e sempre se iniciam na primavera, mas se o inverno foi muito rigoroso, o período será neutro; verão e outono são positivos; o início do inverno, quando ainda não está muito frio, é neutro; e o inverno em si é negativo, quando todos devem ter cautela nas decisões.

Dentro do Budismo tibetano, ou vacchahyano, os três períodos (neutro, negativo e neutro negativo) são considerados tempos de movimentação cármica, quando não se deve tomar nenhuma atitude precipitada de mudanças e ter cautela dentro desses tempos. Os outros três períodos (neutro, positivo e neutro positivo) serão mais longos e muito proveitosos para obter êxito na vida. O que determinará isso serão as nove posições estelares dentro do céu egípcio.

Essa postura está literalmente gravada na barriga da deusa Nut, com as noves estrelas regentes, tendo no centro a estrela Sírio. Na verdade, essa estrela orienta os quatro pontos cardeais que delimitam o "delta", geometricamente, com o alongamento das duas diagonais e dividindo-o em duas partes iguais, seguindo o eixo do triângulo. Essa considerável amplitude da geometria utilizada pelos egípcios tem servido de base para diversas especulações de que de fato a matemática, a astrologia e a astronomia tiveram seu início no Egito, exatamente onde está construída a pirâmide de Quéops, como ponto de observação estelar inclusive da própria matemática pitagórica.

Temos então que todos os egípcios nasceram com os raios luminosos da estrela Sírio, exatamente no momento em que se inicia o Ano-Novo egípcio, que coincidia com as inundações do Nilo, tendo como base secundária a luz da estrela Polar.

Entendemos que a estrela Polar representa o término de um período, desde o mês de fevereiro até, aproximadamente, o dia 8 de março; e a estrela Sírio simboliza o reinício, no dia 9 de março.

Podemos concluir que, por exemplo, para uma pessoa que nasceu no dia 8 de março de 1946, seus dados serão calculados como se tivesse nascido em 1945. Mas se a pessoa nasceu a partir do dia 9 de março, utilizaremos o ano 1946; o regente será a estrela Sírio e o deus será Anúbis, o chacal.

Para podermos utilizar o método do oráculo egípcio, devemos unir todos os dados disponíveis, entendendo, inclusive, a posição estelar em que os pais nasceram, além de verificar detalhadamente as compulsões (ego) dos pais que possam influenciar a vida ou o carma na vida dos filhos.[9] Por isso, será um estudo extremamente difícil e visa ir muito além do destino. Poderá fornecer fórmulas para mudar o destino das pessoas e também dos familiares, a partir do profundo conhecimento de si mesmo.

Por isso, não existe a mesma interpretação para pessoas da mesma família, ou mesmo para gêmeos univitelinos; dependerá também do grau de espiritualidade, da compreensão dos carmas e do destino de cada pessoa, e mesmo da vocação do consultor, do nível de evolução espiritual do consulente e de sua firme convicção em acreditar que poderá mudar seu destino.

---

9. Substituí o termo *shad* (destino), em egípcio arcaico, pela denominação de compulsões ou ego e suas consequências, ou carmas, ou situações carmáticas, para melhor compreensão ocidental.

O destino de cada indivíduo não é independente da escolha feita antes do reencarne, portanto, o comportamento compulsivo de cada um é totalmente influenciado por essa escolha. Em geral, ele se inicia na mente (ego), indo posteriormente para a boca, por meio das palavras, e tem suas consequências no corpo (carma do corpo).

Pensamos, inclusive, que temos total opção de escolha, o livre-arbítrio, mas na prática mental do ego isso não existe, porque escolhemos pessoas para nosso convívio, mas também somos escolhidos. Por isso, temos de saber quando as pessoas que estão ao nosso redor ou do consulente optam por um destino ruim ou negativo e tentar auxiliá-las na mudança para melhor.

Por isso, utilizaremos uma tabela anual, em que teremos condições de traçar um mapa da personalidade principal e das compulsões do indivíduo e de sua família (ascendentes). Para isso, incluímos os antepassados, na sua totalidade. Se for necessário, incluímos os avós (paterno e materno), os pais, os filhos e netos (descendentes) e o cônjuge, que normalmente agregam carmas da união familiar. Se a consulente for mulher, utilizamos também os dados do marido, ou seja, devemos incluir os antepassados e os descendentes na sua totalidade.

Precisamos observar atentamente três itens importantes:

a – As mudanças da estrela principal e individual, nas situações negativas, porque normalmente não se consegue fugir das desgraças.

b – Quanto às coisas que deverão acontecer, o que dificilmente se conseguirá evitar.

c – Se houver espíritos que estão em nível de sofrimento e forem chamados, com certeza eles virão, mas podem tomar conta da situação. Nesse caso, dificilmente espíritos mais elevados conseguem se aproximar quando existe força contrária ao bem e ao amor, ou mesmo espíritos em sofrimento, principalmente familiares.

Como todos estão devidamente preparados para o oráculo egípcio, daremos início a ele. Para facilitar sua compreensão, apresentaremos alguns exemplos no decorrer dos capítulos.

Aprenderemos o sentido dos deuses, inicialmente com seus aspectos positivos e negativos, o sentido das estrelas e, então, agruparemos tudo.

Os deuses egípcios, como escrevi anteriormente, tinham os mesmos sentidos humanos: podiam nascer, viver, amar, procriar, alimentar-se e morrer; por isso, sua influência era tão profunda na vida das pessoas. Estudaremos esses deuses, detalhadamente, neste capítulo.

Vocês devem ter sempre em mente que o oráculo egípcio é a base teórica para se ir muito além do superior e extremamente difícil mundo da mente humana, seus encontros e desencontros, os amores e os desamores, as fortunas e as misérias, a saúde e a doença, a vida e a morte. Poderão compreender por que é possível ter tudo ao alcance de quem o estudar com o coração puro e a mente voltada para auxiliar todas as pessoas indistintamente.

LEMBRE-SE: CADA PESSOA É UM INDIVÍDUO, SENDO DIFERENTE DOS DEMAIS QUE NASCERAM NA MESMA DATA OU FAMÍLIA. CADA CASO DEVERÁ SER ESTUDADO INDEPENDENTEMENTE DE QUALQUER SITUAÇÃO.

1 – A deusa Sekhmet

A pessoa nascida sob o signo da deusa Sekhmet tem as seguintes características:

Positivas:

Gênio simples, não é extravagante nem pomposa.

Econômica, honesta, sabe poupar, não gosta de luxo.

Negativas:

Gananciosa, avarenta, ingrata, indecisa, perde facilmente o senso de compaixão e amor ao próximo.

Egoísta, em decorrência da ganância está sempre sofrendo, nervosa e agitada, não gosta de dar nada para ninguém, mas quando dá, conta vantagens.

2 – A deusa Hator

A pessoa nascida sob o signo da deusa Hator tem as seguintes características:

Positivas:

Persistente, enfrenta com coragem os problemas, não gosta de demonstrar aquilo que não é nem de ostentação, autêntica, simples e humilde. Em relação aos estudos, é muito esforçada. Tem capacidade de se desenvolver ao máximo no trabalho, esporte e estudo.

Pessoa de confiança, respeita muito a hierarquia e os preceitos.

Muita determinação. Não é pessoa maldosa ou maliciosa.

Negativas:

Teimosa, insensata, não aceita conselhos de ninguém; quando decide por algo vai até o fim, mesmo sabendo que não dará certo. Não tem facilidade para a comunicação verbal. Taciturna, com dificuldade em se relacionar.

Acumula problemas de ordem subjetiva. Aparenta ser meiga e carinhosa; indecisa, é sempre retardatária nos compromissos. Em consequência disso, perde grandes oportunidades de progresso e depois se arrepende.

3 – O deus Maahes

A pessoa nascida sob o signo do deus Maahes tem as seguintes características:

Positivas:

Forte, corajosa, alegre e decidida. Reflexo e compreensão imediata, rapidez e clareza nas decisões, sabe distinguir muito bem o certo do errado (discernimento), honesta e correta.

Muita capacidade, respeita as ideias e pensamentos das outras pessoas, tem a voz agradável e potente, detesta submissão.

Negativas:

Orgulhosa, não gosta de perder, por isso arranja encrenca com facilidade e não mantém relacionamento harmonioso, é competitiva. Poderá fazer planos mirabolantes e não conseguir atingir o objetivo. Prepotente, gosta de submeter e subjugar as pessoas, não é meticulosa. Para grandes planos não vacila, porém não atenta às pequenas coisas, mesmo sendo importantes. Não é minuciosa nem detalhista. Para contratos que exigem minúcias, não seria a pessoa mais indicada, por isso fracassa nos negócios que demandam detalhes. Tem bruscas mudanças de humor.

4 – O deus Khepera

A pessoa nascida sob o signo do deus Khepera tem as seguintes características:

Positivas:

Quieta, meiga, passiva, obediente, não contraria ninguém. Dificilmente fica brava, não é mesquinha, detesta discussões inúteis. Gênio sossegado e relaciona-se harmoniosamente. É benevolente, fiel e humilde em demasia.

Tem sorte em ser ajudada por pessoas de idade e hierarquicamente superiores, e ser respeitada e amada. Estuda sempre a melhor maneira de resolver os problemas, é esforçada e muito trabalhadora.

Negativas:

Nas situações negativas, surge o lado oposto dos aspectos positivos: é lenta, não é esperta, quando deve resolver algo importante fica indecisa. Embora tenha ideias brilhantes, não consegue concretizá-las por falta de iniciativa e vontade, não se aprofunda em nada.

Aceita incumbências sem ter condições de realizá-las, não consegue recusar nada. Não resiste a uma cantada.

Falta determinação e tem tendências à obesidade e à bebedeira. Não tem visão dos grandes problemas e transfere para depois o que deve ser feito hoje. É volúvel, não gosta de trabalhar nem de se locomover para o trabalho; é preguiçosa e boêmia.

5 – O deus Hu

A pessoa nascida sob o signo do deus Hu tem as seguintes características:

Positivas:

Destemida, gosta de competição, desenvolve com facilidade os estudos técnicos, gosta de auxiliar outras pessoas, tem muita determinação, é esforçada, persistente, tem força de vontade, tenta alcançar os objetivos que estabelece sem medir esforço, possui facilidade para falar claramente, domina as palavras e sabe convencer as pessoas.

Negativas:

Orgulhosa, convencida, faz pouco caso de outras pessoas, mantém-se raivosa por muito tempo, fala com grosseria e tende a ficar sempre só. A ira surge facilmente e fica sem controle, mostra no rosto a expressão de raiva com muita facilidade. Entra em choque com as pessoas hierarquicamente superiores, tem dificuldade de trabalhar em grupo, não aceita conselho e opinião de outras pessoas; pode perder a sorte facilmente.

6 – A deusa Uraeus

A pessoa nascida sob o signo da deusa Uraeus tem as seguintes características:

Positivas:

Levemos em consideração que os que nascem sob a égide da deusa Uraeus seriam as pessoas nascidas no melhor de todos os signos. É uma pessoa atenciosa e muito cuidadosa, tem força de vontade para o estudo, habilidade manual, aptidão para os esportes, artes e dança. Desenvolve com facilidade qualquer estudo, tem rapidez nas decisões com bom senso, é uma pessoa muito respeitada.

Negativas:

Pessoa muito ciumenta, invejosa, tem grandes depressões, também tem ciúmes da hierarquia; é introvertia, não manifesta o que sente, não gosta de conversar, evita relacionamentos e os escolhe com apuro.

7 – O deus Mênu

A pessoa nascida sob o signo do deus Mênu tem as seguintes características:

Positivas:

Pessoa alegre, ativa, dinâmica, tem rapidez nas decisões, acolhe a todos sem discriminação, sabe perdoar e não manifesta sua ira. É aberta e sincera, tenta sempre um relacionamento harmonioso, não gosta de discussão, alegra muito o ambiente em que está.

Negativas:

É dispersiva, relaxada, enjoa com facilidade de qualquer coisa, abandona tudo facilmente, fala demais sem pensar, é vaidosa, gosta de chamar atenção sobre si. É volúvel em termos de amor e sofre à toa; não tem muita força de vontade para os estudos, tem bom coração e não se recusa a ajudar ninguém; sujeita a ser tapeada com facilidade, gosta de festas, não sabe guardar segredo, fala muito.

8 – O deus Hórus

A pessoa nascida sob o signo do deus Hórus tem as seguintes características:

Positivas:

Pessoa clara, explícita, esperta, talentosa e habilidosa, lógica, fala com clareza e precisão, excelente retórica, sabe apreciar o belo, não é mesquinha, enfrenta muito bem as dificuldades que lhe aparecem, imperturbável, é respeitada com muito amor. Como tem grande sabedoria, está sempre pronta para executar grandes planos com sucesso, possui muito habilidade para obter dinheiro.

Negativas:

É orgulhosa demais, considera os outros inferiores, tem mania de grandeza, fala muito de projetos difíceis e impossíveis; tem propensão para enganar outras pessoas, falta honestidade, no plano individual tem pouca sorte. Maldosa, age direta e indiretamente, pela frente e por trás, desde que lhe traga vantagens. Quando erra, procura justificar muito bem, tirando o corpo fora e culpando as outras pessoas. Tem facilidade para captar os defeitos dos outros, sabe usar muito bem todas as situações em proveito próprio. Preocupa-se bastante com o que os outros pensam a seu respeito.

9 – O deus Auf ou Harsaphes

A pessoa nascida sob o signo do deus Auf ou Harsaphes tem as seguintes características:

Positivas:

Detesta coisas erradas, caprichosa, meiga, cerimoniosa, não gosta de se expor, honesta, gosta de tudo limpo e também de estudar, considera a honestidade acima de tudo, tem muita compaixão, valoriza muito as amizades.

Negativas:

Muito indecisa, não é versátil, lenta para estudos importantes, não tem espírito progressista, é sonhadora e pouco corajosa, falta objetividade, rodeia muito nas conversações e não vai diretamente ao ponto. Gosta de mudanças frequentes, embora goste de solidão e lugares silenciosos; às vezes profere palavras ásperas e explode, quando raivosa é até muito perigosa, revela sua intimidade e pensamento com facilidade. Não é muito respeitada, tem muita vulnerabilidade, é desconfiada, não confia em ninguém, não sabe preservar os relacionamentos.

10 – O deus Seraphis

A pessoa nascida sob o signo do deus Seraphis tem as seguintes características:

Positivas:

É extremamente esperta, tem muita força de vontade para se desenvolver, é bondosa, colabora com as pessoas, prestativa, atenciosa, amável, tem excelente humor e o dom da palavra, é muito detalhista.

Negativas:

Pessoa que deixa para amanhã o que pode fazer hoje, vive protelando decisões, sujeita a mudanças bruscas de humor (instável), esquece o que prometeu, gosta de andar bem-vestida, é elegante, vaidosa e gosta de mostrar o externo, quer levar vantagem em tudo, não é maldosa, mas é superficial e não se aprofunda em nada; quando tem que falar algo, cansa o interlocutor, deixa tudo para a última hora.

11 – O deus Tuamutef ou Anúbis

A pessoa nascida sob o signo do deus Tuamutef ou Anúbis tem as seguintes características:

Positivas:

Muito forte e corajosa, vai até o final quando se considera certa e não cede nada, é persistente (envolvendo estudo e arte); mesmo sofrendo, luta para atingir com plenitude seus objetivos, resistente e perseverante aos problemas que surgem.

Negativas:

É uma pessoa emburrada, fechada e maldosa, sempre do contra, uma estraga prazer. Pela forma errada de proceder, não se sente bem e a ira cai dentro de si mesma, deixando-a transparecer no seu rosto. No lar está sempre em desarmonia, fácil de discutir, qualquer coisa é motivo para discussão, não sabe preservar as amizades; em consequência, não permanece muito tempo em um emprego, perde a sorte com facilidade, não gosta de perder nem se desculpar, não tem humildade.

12 – A deusa Ammut ou Neith

A pessoa nascida sob o signo da deusa Ammut ou Neith tem as seguintes características:

Positivas:

É muito honesta, correta, vai direto ao assunto, econômica, trabalhadora (gosta de fazer economia), dedicada e esforçada para os estudos, tem bom discernimento, é uma entendedora de meia palavra.

Negativas:

Muito orgulhosa, arrogante, pensa superficialmente, procura sempre impor sua vontade, a entonação da voz é forte e machuca, estraga o humor de outras pessoas, é teimosa, não aceita conselhos, não dá importância à opinião de terceiros. Cabeça-dura, não reconhece seu fracasso, não consegue ser polida ou educada; quando não gosta, trata mal as pessoas, faz discriminação, não consegue englobar as coisas boas ou ruins, é pouco flexível. Na família, provoca reclamações e tem péssimo relacionamento, não consegue verdadeiras amizades.

Devemos lembrar novamente que cada pessoa é um indivíduo, e as características poderão mudar de pessoa para pessoa, por isso caberá a cada um de nós ter o discernimento de observar as diferenças.

É preciso tomar muito cuidado com o que falar nas consultas, porque você não deve ultrapassar seus limites nem os do consulente.

No próximo capítulo, estudaremos as estrelas do céu egípcio.

Capítulo 7

As Estrelas Egípcias e Seus Números Kabbalísticos em que Um Dia Acreditamos

> *"...Tu o criaste como o teu filho, que surgiu de teu corpo, o rei do Alto e do Baixo Egito, aquele que vive na verdade, senhor das duas terras, filho de Rá; aquele que vive na verdade, senhor dos diademas, Akhenaton de longa vida, e criaste também, como a grande consorte real, sua amada, senhora das duas terras Nefer-Kheperu-Rá, filha de Rá, que vive e se faz jovem por todo o sempre."*
>
> Hino em homenagem a Aton
(17ª dinastia)

Vimos nos dois capítulos anteriores os deuses e as características das pessoas nascidas sob sua influência. Você devem se perguntar: "Por quê, em pleno século XXI, ainda temos qualquer relação com os deuses egípcios? Na realidade, nem acreditamos neles". Engano puro, posso lhes afirmar isso com cátedra, porque todos os que reencarnaram a partir do final do século XIX tiveram, pelo menos, oito encarnações iniciáticas no antigo Egito, que, como já lhes disse, foi e sempre será o berço da civilização no mundo.

Isso porque, a partir de 1870, em todo o mundo se iniciou uma tomada de consciência pela espiritualidade, a busca de novas fronteiras do inconsciente e do consciente religioso de cada um. Muitos partiram em busca de novas formas religiosas; isso se deu porque, a partir do século XIX, houve uma desmistificação em massa dos deuses egípcios, erroneamente apregoada por arqueólogos e egiptólogos ingleses, americanos, alemães e franceses, muito mal informados e que não se detiveram na profundidade religiosa do antigo Egito.

Basta se fazerem esta pergunta: "Por que minha fascinação pelo antigo Egito?". Vocês não encontraram nenhuma resposta pelo menos plausível do porquê, mas essa fascinação nada mais é do que saudades de uma época que foi muito boa para todos, com amplo crescimento espiritual, e que nos traz saudades de vidas passadas. E podem crer, muitas pessoas quando entram no museu do Cairo (isso eu vi) são tomadas por grande sonolência, tem crises de choro incontroláveis, a ponto de necessitar sair do recinto, principalmente no local com os objetos expostos da 17ª à 21ª dinastias, que foi quando o Egito adquiriu maior poder sobre todas as nações conhecidas, expandiu suas fronteiras e trouxe muita paz e prosperidade a todos os cidadãos egípcios.

Isso tudo foi muito bom em uma época passada, quando se acreditava nos deuses e eles eram temidos e venerados, mas tudo isso foi desmistificado, infelizmente, e hoje a maioria das pessoas, apesar das lembranças de vidas passadas, ainda não se encontrou religiosamente. Isso tem como consequência o retrocesso da vida espiritual e, dessa forma, da eliminação das compulsões e dos carmas, ou do destino compulsivo (*shad*), como os egípcios o chamavam.

Mas, para encontrar tudo isso, basta que vocês olhem bem dentro de si e lá, com certeza, encontrarão suas respostas; se não as encontrarem, este oráculo poderá elucidá-las muito.

O contexto dos deuses pode não significar nada em nosso consciente atual, mas tem uma profunda relação com nosso inconsciente emocional coletivo e com muitas lembranças de vidas passadas. Ou seja, todos os atuais encarnados tiveram, pelo menos, oito encarnações no Egito e vieram diretamente da Atlântida para dar continuidade ao longo aprendizado.

Estudaremos detalhadamente neste capítulo as nove estrelas que pertencem ao panteão egípcio e suas influências. Todas as características deverão ser levadas em consideração no momento da consulta. Lembrem-se também de que é uma forma que não poderá ser generalizada a todas as pessoas que nasceram naquele ano, sob o signo da estrela e que possuem as mesmas características carmáticas, de destino ou mesmo suas compunções. Tenham sempre muito discernimento sobre o quanto, onde e o que falarem. Por isso, estudem minuciosamente e adquiram grande senso de responsabilidade na transmissão dos ensinamentos.

A estrela Polar, que é tida como a estrela do amanhecer no antigo Egito, é onde todas as coisas reiniciam. Utilizarei a nomenclatura grega para identificar cada estrela, no sentido de tornar mais fácil sua compreensão. Serão mantidos o nome e o sentido egípcio de cada estrela ou personalidade.

A estrela número 1 é a Sírio

Representa o "*Khu*", que é o espírito universal criador de tudo que existe no mundo; é a essência da água, tudo que tem relação com a água.

Localização: norte do planeta Mercúrio.

Elemento: água.

Representa como pessoa: abastado, sábio e maldoso.

Corpo humano: rins, bexiga, órgãos genitais, sangue, suor e a lágrima.

Doenças mais frequentes: dos rins, venéreas, nariz, ouvido e sangue.

Trabalho ou profissão: pescador, fabricante de bebidas, armador, na engenharia química e naval, indústria de tintas, bares noturnos, lavanderia, tudo que se relaciona com água ou líquidos.

Objeto de sucesso: navio, líquidos em geral, material para pesca, copos ou utensílios para bebidas, cintos, cordas, trajes para banho.

Local de preferência ou positivo: praia, sala de recepção, estação de águas, aquários, consultório médico, lago e cachoeiras.

Comidas: bebidas em geral, leite, sopa, peixe, raízes, balas e doces.

Animal de proteção: todos os peixes (incluem-se os de água salgada), garças, íbis e cegonhas.

Planta de proteção: todas as relacionadas com água.

Clima de preferência: inverno, lua, chuva, nuvem carregada, maré alta.

Aspecto preponderante na personalidade: pessoa autoritária.

Horas positivas: das 23h00 à 01h00

Números de sorte: 1 e 6.

Cor positiva: preto.

Sabor de preferência: fortes e picantes.

A estrela de número 2 é a Ara

Representa o "*Ba*", que é a alma e reside no coração de todos; é essência do elemento terra, o mecanismo da terra, as árvores, as florestas, as sementes que, quando colocadas em solo fértil, absorvem o essencial para germinar e crescer. É semelhante à mãe, tem os mesmos mecanismos e características, cultiva tudo com muito carinho e amor. Significa trabalho, recuperação, esforço e dedicação.

Localização: sudeste do planeta Vênus.

Elemento: terra.

Representa como pessoa: imperatriz, rainha, dama da corte, nobre.

Corpo humano: abdômen, baço, aparelho digestivo, mão direita e sangue.

Doenças mais frequentes: úlcera e câncer do estômago, diarreia, falta de apetite, acidez, vômito e insônia.

Trabalho ou profissão: arquiteto, engenheiro civil e agrônomo, médico obstetra e ginecologista.

Objeto de sucesso: tapetes, objetos de algodão, instrumentos agrícolas, escritórios de ofícios.

Local de preferência ou positivo: matagal, terreno plano, planície, ruínas de palácio ou fortaleza, cidade do interior.

Comida: arroz integral, batata, inhame, carnes de porco, de cabrito e de peixe.

Animal de proteção: vaca, boi, cabrito, aranha e macaco.

Planta de proteção: musgos e brotos de samambaia, cogumelo e caqui chocolate.

Clima de preferência: nublado, com chuviscos esparsos.

Aspecto preponderante na personalidade: pessoa submissa.

Hora positiva: das 13h00 às 15h00.

Números de sorte: 5 e 10.

Cor positiva: amarela.

Sabor de preferência: doce.

A estrela de número 3 é a Auriga

Representa o *"Ka"*, que são os desejos que todos possuem, ou seja, o ego. Os antigos o chamavam de duplo, por causa dos sentidos do que é certo e errado; é a estrela do som, do barulho, do estrondo, quando a energia negativa do inverno se encontra com a energia positiva da primavera e se transforma num trovão, é a casa do abalo e do progresso, do avançar sempre, marchar para o sucesso, muita discussão, agitação e nervosismo.

Localização: leste do planeta Terra.

Elemento: água.

Representa como pessoa: primogênito, príncipe, jovem sacerdote, pessoa famosa.

Corpo humano: fígado, garganta, mão e pé esquerdos.

Doenças mais frequentes: no cérebro, olhos e ataques epilépticos, histeria, tosse, asma, bronquite, tuberculose, medo exagerado, nevralgias e reumatismo.

Trabalho ou profissão: com telefonia, aparelhos sonoros, locutor, músico, cantor, comércio de som.

Objeto de sucesso: todos os instrumentos musicais, aparelhos de som, sinos, teatro e local de conferências.

Local de preferência ou positivo: epicentro, campo de batalha, salão de música, teatro, jardins, emissora de rádio e televisão e trem.

Comida: frutas cítricas, brotos em geral e algas.

Animal de proteção: cavalo, águia, falcão, pássaros e cigarras.

Planta de proteção: verduras, árvores ornamentais.

Clima de preferência: primavera, dia claro, sem nuvens, tempestade repentina.

Aspecto preponderante na personalidade: guarda raiva e mágoas por muito tempo, a ira surge facilmente sem controle, mostra no rosto a expressão de raiva.

Hora positiva: das 05h00 às 07h00.

Números de sorte: 3 e 8.

Cor positiva: azul.

Sabor de preferência: azedo.

A estrela número 4 é a Aquila

Representa o *"Saah"*, que é a força, a vitalidade, o vento, a energia do ar, a planta de proteção que brotou na primavera começa a crescer, absorve o ar repleto de energia, recebe o vento suave e cresce forte, tornando-se pouco a pouco uma grande e frondosa árvore.

Localização: sudeste do planeta Marte.

Elemento: madeira.

Representa como pessoa: primogênito com sabedoria.

Corpo humano: coxa, intestino, cabelo, nervos, esôfago, traqueia, aparelho respiratório.

Doenças mais frequentes: diabetes, aparelho respiratório, região lombar, nevralgias, hérnias, pedras nos rins e bronquite.

Trabalho ou profissão: comércio de papel e tecidos, empresas de crédito, banco.

Objeto de sucesso: artigos de madeira, fios elétricos, arames, postes, ou seja, todos os tipos de linhas, cordas.

Local de preferência ou positivo: estrada, trilho de trem, aeroporto e templos religiosos.

Comida: macarrão ensopado, peixes como enguias, alho, carnes defumadas e cebolinha.

Animal de proteção: cobra, girafa, borboleta e cegonha.

Planta de proteção: pinheiro, salgueiro, castanheiro, orquídea e lírios.

Clima de preferência: vento e tempo nublado.

Aspecto preponderante na personalidade: pessoa elevada, perspicaz, deve manter-se sempre radiante. Deixa tudo em ordem, organiza, pessoa de confiança, ensina, ajuda pessoas, terna, mansa e humilde.

Hora positiva: das 08h00 às 11h00.

Números de sorte: 3 e 8.

Cor positiva: azul.

Sabor de preferência: azedo.

A estrela número 5 é a Crater

Representa o "*Kihibit*", que é o corpo da luz, o corpo do faraó, é responsável pelo equilíbrio e pela justiça, é a figura grandiosa e oponente de todos os seres vivos. É a estrela do rei.

Como essa estrela é a mais forte de todas, recomenda-se sempre tratá-la separadamente das demais.

Localização: centro do planeta Júpiter.

Elemento: terra.

Representa como pessoa: rei, imperador, presidente de empresas.

Corpo humano: cabeça, fígado, rins e estômago.

Doenças mais frequentes: do cérebro, bronquite, asma, nos olhos e insônia, ansiedade, depressão, câncer.

Trabalho ou profissão: economista, administrador de empresas, comércio em geral, agiota.

Objeto de sucesso: coisas velhas e acumuladas, coisas que não venderam e se acumularam, casa abandonada, guardar coisas que já não servem mais.

Local de preferência ou positivo: restos de campo de batalha, crematório, cemitério, terra árida, lugar sujo e terreno baldio.

Comida: coisa podre e mofada, aproveita sobras e restos de comida, bagaço.

Animal de proteção: feroz, cobra venenosa.

Planta de proteção: ervas e cogumelo.

Clima de preferência: ruim, chuvoso, terremoto e tempestade.

Aspecto preponderante na personalidade: pessoa gananciosa, perspicaz, que quer levar vantagem em tudo, não sabe perder.

Hora positiva: não tem hora específica.

Números de sorte: 5 e 10.

Cor positiva: amarelo.

Sabor de preferência: doce.

A estrela número 6 é a Cygnus

Representa o *"Sekhem"*, que é a energia vital que todos possuem; simboliza o poder de cura ou o poder do sacerdote, é a estrela do céu, do paraíso e das coisas respeitáveis, como Deus ou os deuses, Buda e Jesus.

Localização: noroeste do planeta Saturno.

Elemento: metal.

Representa como pessoa: imperador, presidente da república, primeiro-ministro, presidente de empresa e patriarca.

Corpo humano: cabeça, rosto, pescoço, pulmão e coluna.

Doenças mais frequentes: febre, inchaços, dor de cabeça, loucura, desmaio, AVC, doença da pele, desgaste físico, quebra de ossos.

Trabalho ou profissão: oficial militar, comércio de máquinas grandes, aviões, comércio de lã, taxista, comércio de cereais, relógios, sedas e ouro, advogado e juiz.

Objeto de sucesso: pedras preciosas e ouro.

Local de preferência ou positivo: templos e igrejas, castelo do imperador, senado federal, museu, estádio e hipódromo.

Comida: arroz branco, castanha, melão, açúcar, maçã.

Animal de proteção: dragão, cavalo, leão, tigre e javali.

Planta de proteção: frutos e flores que produzem no outono, ervas medicinais.

Clima de preferência: ensolarado, céu azul, tempo bom, mas instável.

Aspecto preponderante na personalidade: pouca sorte para conseguir dinheiro.

Horas positivas: das 19h00 às 23h00.

Números de sorte: 4 e 9.

Cor positiva: branca.

Sabor de preferência: apimentado.

A estrela de número 7 é a Piscis Austrinus

Representa o "*Eb*", que é o coração (sentimentos de todas as pessoas), é a colheita, a vida farta, os rendimentos fartos e muita satisfação.

Localização: oeste do planeta Urano.

Elemento: metal.

Representa como pessoa: menina-moça, amante, cantor, ator, prostitutas.

Corpo humano: boca, pulmão, aparelho respiratório.

Doenças mais frequentes: dor de dente, doença no peito, doenças venéreas.

Trabalho ou profissão: orador, no comércio em geral, em bares, médico-cirurgião, dentista, advogado.

Objeto de sucesso: cortantes, panelas, baldes, instrumentos musicais, sinos e instrumentos cirúrgicos.

Local de preferência ou positivo: casa de prostituição, boate, bares, parque de diversão, salão de conferência, auditório, salão de festas e casa de frangos.

Comida: carne de frango, sopa, ovo, todos os tipos de bebidas.

Animal de proteção: carneiro, macaco, galo, pantera, patos e cisnes.

Planta de proteção: flores de outono e brejo, gengibre e mostarda.

Clima de preferência: outono, chuva, tempo instável, temporal e crepúsculo.

Aspecto preponderante na personalidade: mostra a figura de uma pessoa que está contente com a comida farta na mesa, tudo é satisfação, riso, prazer, banquete e festa.

Hora positiva: das 17h00 às 19h00.

Números de sorte: 4 e 9.

Cor positiva: branca.

Sabor de preferência: apimentado.

A estrela de número 8 é a Polar

Representa o *"Ren"*, que é onde terminam todas as coisas ou morrem, e também onde inicia ou termina uma coisa velha e começa uma nova. Estrela da revolução.

Localização: nordeste do planeta Netuno.

Elemento: terra.

Representa como pessoa: criança gorda, herdeiro, acumulador de dinheiro.

Corpo humano: quadril, costas, articulações, nariz, dedo.

Doenças mais frequentes: reumatismo, dores nas costas, na lombar, nos ombros, sinusite, alergias, paralisias.

Trabalho ou profissão: banqueiro, hoteleiro, arquiteto, comerciante, armazenagem em geral, corretor de imóveis, em confeitaria.

Objeto de sucesso: coisa acumulada, duas coisas que se tornam uma só.

Local de preferência ou positivo: depósito de coisas velhas, quarto de despejo, montanha, lugar elevado, templo xintoísta.

Comida: carne bovina, ovas de peixe, peixe em geral, todo tipo de alimento que se pode guardar.

Animal de proteção: veado, faisão, touro, tigre, cegonha, rato, girafa, zebra, centopeia, pássaros que têm bico forte.

Planta de proteção: frutos que ainda estão nas árvores, bambu, cogumelo, batata-doce e lírio branco.

Clima de preferência: nublado, mudança de tempo, alvorada e final de inverno.

Aspecto preponderante na personalidade: pessoa elevada, esperta e superdotada, correta, honrada, fiel, sincera, mas indecisa.

Hora positiva: da 01h00 às 05h00.

Números de sorte: 5 e 10.

Cor positiva: branca.

Sabor de preferência: doce

A estrela de número 9 é a Graco

Representa o *"Khat"*, que simboliza o corpo e seu poder intelectual, a inteligência, a força vital e a espiritual. É tida também como a estrela da separação, da propagação do fogo e de quando se expande com facilidade, não estaciona, está sempre querendo mudar, não se fixa em nada.

Localização: sul do planeta Plutão.

Elemento: fogo.

Representa como pessoa: é alguém pensativo, carismático, forte.

Corpo humano: cabeça, coração, olhos, ouvido e nariz.

Doenças mais frequentes: no coração, dor de cabeça, problemas oculares, mentais, febre, AVC, câncer de mama.

Trabalho ou profissão: corretor de valores, em cinema, teatro, livraria, com editoração, propaganda, cabeleireiro, pintor, médico, advogado e sacerdote.

Objeto de sucesso: ouro, pedras preciosas, documentos importantes, bijuterias, roupas para ocasiões especiais.

Local de preferência ou positivo: tribunais, delegacia, câmara dos deputados, senado, cassinos, cume de montanha, locais bem iluminados.

Comida: alimentos coloridos, bebidas alcoólicas, frutos do mar e carnes.

Animal de proteção: faisão, pavão, peru, galo, papagaio e cavalo.

Planta de proteção: todas as flores bonitas e coloridas.

Clima de preferência: verão com muito sol, dia claro, seco e agradável.

Aspecto preponderante na personalidade: forte e corajoso; gosta de fogo, luz, claridade, descobrir separação, de brigas, intrigas, de honra e fama, luxo e ostentação.

Hora positiva: das 11h00 às 13h00.

Números de sorte: 2 e 7.

Cor positiva: branca e vermelha.

Sabor de preferência: amargo.

Os antigos egípcios acreditavam que todos os sentimentos vinham do coração, por isso ele era colocado em um vaso canopo, separado dos demais órgãos na mumificação. Acreditavam também que no corpo existiam cerca de 400 músculos, 100 articulações e 1.206 ossos. Todos esses números tinham um único significado: "a representação da Energia Criadora e Renovadora", por isso ocorriam embalsamamentos, para preservar tudo isso, a fim de que a Unidade Criadora pudesse recompensar o falecido com a vida eterna.

Assim, observamos que todo o universo egípcio é composto por números. A matemática, na realidade, surgiu no antigo Egito, a partir da contagem do número de órgãos e ossos do corpo humano.

O próprio Euclides conseguiu criar a trigonometria por meio da união de dois pontos que formavam uma reta perfeita. Disse que a menor distância entre dois pontos era uma linha reta, mas podemos até afirmar que no antigo Egito isso já existia há pelo menos 2 mil anos. Ele apenas levou e aprimorou a técnica, colocando novas palavras em todos os cálculos matemáticos, algébricos e trigonométricos para se expressar.

Por isso, o oráculo egípcio exige um cálculo trigonométrico para poder unir os números de uma pessoa e, consequentemente, saber ler o passado, o presente e o possível futuro dela.

Utilizaremos dois triângulos centrados em um círculo que serviu de base para as construções das pirâmides e de todos os monumentos egípcios, pois representava o centro do universo dentro de uma construção.

Esse mesmo pentagrama foi também usado, posteriormente, para assimilar vários conhecimentos mágicos, e o próprio esoterismo o utilizou. Muitos rituais pagãos o reverenciam até os dias atuais, erroneamente, porque ele apenas representa a igualdade do Universo, nada mais.

No próximo capítulo, demonstraremos a tabela de cálculos que serão utilizados para a consulta.

Capítulo 8

As Estrelas, o Pentagrama e os Deuses Egípcios

"Criaste um Nilo no inferno e também outro à luz do dia. Por tua vontade de doar vida, assim como também a criaste... E também para todas as nações distantes, fizeste aquilo sobre o qual elas vivem. Criaste um Nilo nos céus, de modo que ele possa descer sob eles e gerar ondas por sobre as montanhas, como a grande água verde, e molhar os campos de seus distritos. Quão perfeitos teus desígnios, ó Senhor da eternidade! Um Nilo no céu... para os povos estrangeiros e para os animais do deserto que andam a pé, e o Nilo, ele surgiu do inferno para o Egito..."

Hino em homenagem ao Rio Nilo
(1ª dinastia)

As três tabelas a seguir serão utilizadas para compor o pentagrama do destino de cada pessoa e, consequentemente, da família. Não viemos para este mundo sozinhos, uma força muito superior nos arrasta para a família carmática e, por conseguinte, adquirimos ou acoplamos nossos carmas de vidas passadas aos carmas familiares de cada encarnação.

Nas *Sutras Ágama*, que são consideradas a bíblia do Buddhismo Theravada, o Louvado diz o seguinte: "Oh, Monges, existe uma energia chamada *tan-há*, a qual devem extinguir para que possam atingir a iluminação plena e adentrar no Nirvana". Permita-me que lhes explique melhor. Para isso, devo entrar um pouco na filosofia buddhista Theravada, que segue as verdadeiras *sutras*.

Essa energia *tan-há* é nossa consciência pura e genuína, então tudo o que fomos, seremos e todo nosso potencial estão devidamente registrados nessa energia. Ela é extremamente difícil de ser eliminada, mas não impossível, porque nos faz reencarnar sucessivamente. Apenas com a extinção dessa energia atingiremos a iluminação máxima e não mais haverá necessidade de reencarne, porque cessarão definitivamente todas as compulsões que possam promover a perda do espírito e da sabedoria adquirida. É essa energia que em algumas literaturas esotéricas também encontramos com o nome de *raga*, que nos faz encarnar, em determinada família, adquirindo os carmas dessa família por meio dos antepassados. Isso se dá porque todo aquele que nasce em uma família é exatamente igual ao padrão psicológico e espiritual dela, determina também todas as nossas escolhas e opções da vida, e até nossas compulsões que se manifestam por meio do egocentrismo.

O oráculo egípcio procura mostrar exatamente isto para todas as pessoas: quais são suas compulsões, as escolhas na vida e, consequentemente, o destino que nelas está inserido. Existem práticas para se atingir o nível necessário para a eliminação dessas compulsões, e isso somente se dará mediante uma postura interna de cada um, força de vontade, com muita perseverança e procurando alterar o padrão mental.

Quando conseguimos mudar esse padrão mental, consequentemente mudamos o de nossa família, como dos pais e dos avós, de nossos filhos, e podemos até delinear a personalidade compulsiva de nossos netos. É uma simples prática, que poderá mudar até cinco gerações de uma mesma família. Isso somente se dará a partir do momento que cada indivíduo se preocupe apenas em coordenar sua mente para coisas positivas, eliminar suas compulsões negativas e trabalhar seu amor, perdão, caridade e bondade, transmitir para sua vida os ditames do louvado Buddha e do mestre Jesus.

Se todos seguirem atentamente na procura da eliminação do "eu" carmático, poderão adentrar no Nirvana. Será possível, ainda nesta vida e neste mundo, promover o bem-estar e a felicidade de si mesmo, da família e de todas as pessoas que o cercam.

Com plena consciência de suas encarnações na Atlântida e visando à melhoria de si mesmo, o sábio Tehuti criou o oráculo e Imhotep o aprimorou de tal forma que possamos promover o conhecimento que cada um tem de si, mas desconhece e, de certa maneira, insiste em não ver.

Por essa razão, os deuses poderiam se manifestar espiritualmente por meio de pessoas sensíveis, que traduziam o que essas entidades ou mentores espirituais tinham para lhes dizer e, consequentemente, no decorrer dos tempos foram aprimorando suas técnicas, para melhor compreensão daqueles que os consultavam. Vale a pena lembrar que as consultas com diversas formas de oráculo foram muito difundidas na Europa da Idade Média, quando os sacerdotes católicos não podiam predizer o futuro.

Foi quando surgiram os magos europeus, mas eles já existiam há milhares de anos no Oriente Médio. Cada civilização desenvolveu um tipo de oráculo que se enquadrava na própria cultura do povo em comunhão com os deuses. Por isso digo que o primeiro oráculo do mundo foi o egípcio, porque ele se iniciou por meio do *Livro dos Mortos*, que apregoava os dons divinos dos deuses e de todos os seres da natureza.

A forma geométrica que será utilizada será a do pentagrama. Vocês podem perguntar: por que o pentagrama? É muito simples, desde o início das civilizações, todos sempre tentaram se envolver com as forças superiores e muitas vezes desconhecidas, mas em um sentido de tentar desvendar os segredos dos deuses. Para isso, foram em busca de formas para esses contatos e também a fim de procurar proteção das energias superiores.

Dentre os milhares de símbolos que foram criados no decorrer de milênios de civilização, o pentagrama sempre se destacou. Ele invoca uma simbologia do duplo e tem fundamento na quinta estrela (representa o *Kihibit*, que é o corpo da luz, o corpo do faraó ou rei, o responsável pelo equilíbrio e pela justiça). Exprime a união do que é desigual; os cinco vetores do pentagrama colocam-se em uma posição propícia, na qual existem três elementos masculinos, ou seja: terra, fogo e metal, e dois femininos: água e ar. Temos, portanto, a seguinte conformação estelar do oráculo:

Homem: dois elementos terra, um elemento fogo e dois elementos metal.

Mulher: dois elementos ar e dois elementos água.

Foram designados elementos da natureza existentes no Egito na época em que Tehuti elaborou o oráculo, para reforçar ainda mais a integração ser humano/os elementos da natureza/ser humano, integrando, assim, toda a natureza de "Nut" em uma única entidade.

O pentagrama é uma forma simples de estrela, também relacionado a algumas práticas esotéricas. As associações do pentagrama evoluíram ao longo das civilizações e de suas necessidades, sendo um símbolo presente em quase todos os rituais esotéricos. Acredito que a própria estrela de Davi esteve diretamente ligada a ele ou mesmo tenha se derivado desse pentagrama básico, porque entre os hebreus esse símbolo foi designado como a grande verdade que estava contida nos cinco livros de Moisés e foi muitas vezes chamado, erroneamente, de "selo de Salomão". Esse símbolo foi encontrado em muitas civilizações antigas e sempre esteve associado ao misterioso, ao esotérico ou mesmo à própria magia. Foi chamado na Grécia clássica de Pentalpha, porque foi composto de cinco asas, que representam a edificação do quinto, ou seja, Zeus e o Olimpo.

O pentagrama deve-se a Pitágoras, como já escrevi antes, que foi um grande estudioso das religiões do Médio Oriente e foi iniciado nos templos do Egito. Ele é quem mais está associado ao pentagrama, por causa de sua teoria da geometria do pentagrama ou pitagórica e suas associações, que consideravam esse emblema a perfeição cósmica. Por ter um grande valor metafísico, esse símbolo foi colocado em todos os grandes templos gregos e também da antiga Roma, a quem, inclusive, se deve a divulgação dessa forma geométrica e que perdura até hoje.

Temos, portanto, as cinco fases da vida das pessoas:

- O início de tudo, ou NASCIMENTO;
- O momento em que se criam as próprias bases, a INFÂNCIA;
- O início do conhecimento, a MATURIDADE;
- A fase da reflexão, em busca de maior sabedoria, a VELHICE; e
- Quando tudo termina e tem um reinício, a MORTE.

Eis, portanto, o ser humano representado dentro do pentagrama, que é o símbolo da comunhão com os deuses; mostra também o ser humano reverenciando os deuses da criação.

As cinco pontas do pentagrama têm um significado particular que deverá ser bem interpretado.

O centro: elemento terra – representa o nascimento, ou os criadores do Universo;

Ponta um: elemento água – significa o espírito, a reencarnação, o reinício, o nascimento do duplo e se apoia nas outras quatro pontas;

Ponta dois: elemento terra – produz as forças telúricas do espírito, a reencarnação, o reinício, é a força do crescimento e do desenvolvimento;

Ponta três: elemento madeira – simboliza as forças dos elementos da natureza, inteligência e criatividade;

Ponta quatro: elemento metal – representa a energia, as mudanças e as transformações na vida da pessoa e força nas atividades.

Ponta cinco: elemento metal – significa o entardecer, o repouso merecido após um dia de árduo trabalho, as emoções do inconsciente.

Temos, portanto, a formação dos elementos água, terra, madeira e metal.

Lembrem-se sempre: quem detém o poder dos elementos usados por meio do pentagrama terá como símbolo o domínio e o poder sobre os cinco elementos que o compõem. Dessa forma, deve ser utilizada com maestria, fidelidade aos seus propósitos e, principalmente, como forma de crescimento pessoal e dos demais.

Estando consciente da responsabilidade que a técnica poderá lhes ministrar, iniciaremos nosso estudo da formação para a catalisação das energias que irão utilizar. Energias essas que todos deverão adquirir o máximo de conhecimento e domínio possível. Lembre-se de que a nenhum ser encarnado é dado o direito de interferir no destino ou mesmo de dominar as forças da natureza ou telúricas em benefício próprio, ou ainda alterar o livre-arbítrio das pessoas. Essa é a expressão máxima de todos os sábios e magos, cujo propósito é repartir com os demais suas descobertas e sua filosofia.

Inicialmente temos o ano de nascimento. Elaborei esta tabela para facilitar a consulta, com início em 1915 indo até 2040. Haverá uso além dessas datas, mas posteriormente vocês poderão expandi-la.

Lembre-se sempre de que as estrelas mudam a cada nove anos, e os deuses a cada 12 anos. Assim fica fácil calcular.

Tabela Fixa de Destino
Ano de Nascimento

Ano	Estrelas	Elementos	Números	Deuses
1915	Aquila	Madeira	4	Khepera
1916	Auriga	Água	3	Hu
1917	Ara	Terra	2	Uraeus
1918	Sírio	Água	1	Mênu
1919	Graco	Fogo	9	Hórus
1920	Polar	Terra	8	Auf
1921	Piscis Austrinus	Metal	7	Seraphis
1922	Cygnus	Metal	6	Tuamutef
1923	Crater	Terra	5	Ammut
1924	Aquila	Madeira	4	Sekhmet
1925	Auriga	Água	3	Hator
1926	Ara	Terra	2	Maahes
1927	Sírio	Água	1	Khepera
1928	Graco	Fogo	9	Hu
1929	Polar	Terra	8	Uraeus
1930	Piscis Austrinus	Metal	7	Mênu
1931	Cygnus	Metal	6	Hórus
1932	Crater	Terra	5	Auf
1933	Aquila	Madeira	4	Seraphis
1934	Auriga	Água	3	Tuamutef
1935	Ara	Terra	2	Ammut
1936	Sírio	Água	1	Sekhmet
1937	Graco	Fogo	9	Hator
1938	Polar	Terra	8	Maahes
1939	Piscis Austrinus	Metal	7	Khepera
1940	Cygnus	Metal	6	Hu
1941	Crater	Terra	5	Uraeus
1942	Aquila	Madeira	4	Mênu

1943	Auriga	Água	3	Hórus
1944	Ara	Terra	2	Auf
1945	Sírio	Água	1	Seraphis
1946	Graco	Fogo	9	Tuamutef
1947	Polar	Terra	8	Ammut
1948	Piscis Austrinus	Metal	7	Sekhmet
1949	Cygnus	Metal	6	Hator
1950	Crater	Terra	5	Maahes
1951	Aquila	Madeira	4	Khepera
1952	Auriga	Água	3	Hu
1953	Ara	Terra	2	Uraeus
1954	Sírio	Água	1	Mênu
1955	Graco	Fogo	9	Hórus
1956	Polar	Terra	8	Auf
1957	Piscis Austrinus	Metal	7	Seraphis
1958	Cygnus	Metal	6	Tuamutef
1959	Crater	Terra	5	Ammut
1960	Aquila	Madeira	4	Sekhmet
1961	Auriga	Água	3	Hator
1962	Ara	Terra	2	Maahes
1963	Sírio	Água	1	Khepera
1964	Graco	Fogo	9	Hu
1965	Polar	Terra	8	Uraeus
1966	Piscis Austrinus	Metal	7	Mênu
1967	Cygnus	Metal	6	Hórus
1968	Crater	Terra	5	Auf
1969	Aquila	Madeira	4	Seraphis

1970	Auriga	Água	3	Tuamutef
1971	Ara	Terra	2	Ammut
1972	Sírio	Água	1	Sekhmet
1973	Graco	Fogo	9	Hator
1974	Polar	Terra	8	Maahes
1975	Piscis Austrinus	Metal	7	Khepera
1976	Cygnus	Metal	6	Hu
1977	Crater	Terra	5	Uraeus
1978	Aquila	Madeira	4	Mênu
1979	Auriga	Água	3	Hórus
1980	Ara	Terra	2	Auf
1981	Sírio	Água	1	Seraphis
1982	Graco	Fogo	9	Tuamutef
1983	Polar	Terra	8	Ammut
1984	Piscis Austrinus	Metal	7	Sekhmet
1985	Cygnus	Metal	6	Hator
1986	Crater	Terra	5	Maahes
1987	Aquila	Madeira	4	Khepera
1988	Auriga	Água	3	Hu
1989	Ara	Terra	2	Uraeus
1990	Sírio	Água	1	Mênu
1991	Graco	Fogo	9	Hórus
1992	Polar	Terra	8	Auf
1993	Piscis Austrinus	Metal	7	Seraphis
1994	Cygnus	Metal	6	Tuamutef
1995	Crater	Terra	5	Ammut
1996	Aquila	Madeira	4	Sekhmet

1997	Auriga	Água	3	Hator
1998	Ara	Terra	2	Maahes
1999	Sírio	Água	1	Khepera
2000	Graco	Fogo	9	Hu
2001	Polar	Terra	8	Uraeus
2002	Piscis Austrinus	Metal	7	Mênu
2003	Cygnus	Metal	6	Hórus
2004	Crater	Terra	5	Auf
2005	Aquila	Madeira	4	Seraphis
2006	Auriga	Água	3	Tuamutef
2007	Ara	Terra	2	Ammut
2008	Sírio	Água	1	Sekhemet
2009	Graco	Fogo	9	Hator
2010	Polar	Terra	8	Maahes
2011	Piscis Autrinus	Metal	7	Khepera
2012	Aquila	Madeira	6	Hórus
2013	Auriga	Água	5	Auf
2014	Ara	Terra	4	Seraphis
2015	Sírio	Água	3	Tuamutef
2016	Graco	Fogo	2	Ammut
2017	Polar	Terra	1	Sekhmet
2018	Piscis Austrinus	Metal	9	Hu
2019	Cygnus	Metal	8	Uraeus
2020	Crater	Terra	7	Mênu
2021	Aquila	Madeira	6	Hórus
2022	Auriga	Água	5	Auf
2023	Ara	Terra	4	Seraphis
2024	Sírio	Água	3	Tuamutef

2025	Graco	Fogo	2	Ammut
2026	Polar	Terra	1	Sekhmet
2027	Aquila	Madeira	9	Hu
2028	Auriga	Água	8	Uraeus
2029	Ara	Terra	7	Mênu
2030	Sírio	Água	6	Hórus
2031	Graco	Fogo	5	Auf
2032	Polar	Terra	4	Seraphis
2033	Piscis Austrinus	Metal	3	Tuamutef
2034	Cygnus	Metal	2	Ammut
2035	Crater	Terra	1	Sekhmet
2036	Aquila	Madeira	9	Hu
2037	Auriga	Água	8	Uraeus
2038	Ara	Terra	7	Mênu
2039	Sírio	Água	6	Hórus
2040	Graco	Fogo	5	Auf

Mês do Nascimento

Mês	Deuses	Elementos	Estrelas	Números
Janeiro	Renenutet	Fogo	Piscis Austrinus	7
Fevereiro	Hu	Terra	Crater	5
Março	Uraeus	Terra	Cygnus	6
Abril	Mênu	Metal	Piscis Austrinus	7
Maio	Hórus	Água	Polar	8
Junho	Auf	Fogo	Graco	9
Julho	Sekhmet	Água	Sírio	1
Agosto	Hator	Madeira	Ara	2
Setembro	Maahes	Fogo	Auriga	3
Outubro	Khepera	Terra	Aquila	4
Novembro	Hu	Metal	Crater	5
Dezembro	Uraeus	Água	Cygnus	6

Dia do Nascimento

Dia	Deuses	Estrelas	Elementos	Números
1	Maahes	Auriga	Fogo	3
2	Hator	Ara	Madeira	2
3	Sekhmet	Sírio	Fogo	1
4	Auf	Graco	Terra	9
5	Sekhmet	Sírio	Água	1
6	Hator	Ara	Madeira	2
7	Maahes	Auriga	Fogo	3
8	Khepera	Aquila	Fogo	4
9	Hu	Crater	Terra	5
10	Uraeus	Cygnus	Água	6
11	Mênu	Piscis Austrinus	Metal	7
12	Hórus	Polar	Água	8

13	Auf	Graco	Fogo	9
14	Sekhmet	Sírio	Água	1
15	Hator	Ara	Madeira	2
16	Maahes	Auriga	Fogo	3
17	Khepera	Aquila	Fogo	4
18	Hu	Crater	Terra	5
19	Uraeus	Cygnus	Água	6
20	Mênu	Piscis Austrinus	Metal	7
21	Hórus	Polar	Água	8
22	Auf	Graco	Fogo	9
23	Sekhmet	Sírio	Água	1
24	Hator	Ara	Madeira	2
25	Maahes	Auriga	Fogo	3
26	Khepera	Aquila	Fogo	4
27	Hu	Crater	Terra	5
28	Uraeus	Cygnus	Água	6
29	Mênu	Piscis Austrinus	Metal	7
30	Hórus	Polar	Água	8
31	Auf	Graco	Madeira	9

    As tabelas anteriores serão utilizadas para montar o pentagrama. Devemos ainda colocar os pais da pessoa, para podermos delimitar até quanto existe de influência carmática ou de destino dos pais de cada um.

    A sequência numérica deverá ser rigorosamente obedecida. Lembre-se de que, se houver qualquer engano, a consulta não será totalmente verídica. Deve-se atentar principalmente ao que os números que correspondem à estrela e aos deuses têm para lhe transmitir.

Vamos citar um exemplo:

Homem:

Nasceu em 20/06/1946

Pai: 28/08/1918

Mãe: 24/12/1919

Vamos então montar inicialmente as características dessa pessoa:

Nasceu regido pelo deus Tuamutef, estrela Graco, elemento fogo, regência número 9.

No mês de deus Auf, estrela Graco, elemento fogo, regência número 9.

No dia do deus Renenutet, estrela Piscis Austrinus, elemento metal, regência número 7.

Pai:

Nasceu regido pelo deus Mênu, estrela Sírio, elemento água, regência número 1.

Mãe:

Nasceu regida pelo deus Hórus, estrela Graco, elemento fogo, regência número 9.

Temos como números regentes determinantes da pessoa e da família: 9, 1 e 9.

Neste caso, utilizamos apenas a base de cálculo do ano de nascimento (pessoa, pai e mãe).

Temos: pessoa fogo, pai água e mãe fogo.

Esses elementos sempre estarão em combate consigo mesmos, porque o fogo apaga a água, e fogo com fogo é uma disputa constante de força energética para vencer sempre.

Passamos, portanto, para a segunda fase que é a montagem do pentagrama, observando que se deve seguir as ordens numéricas de cada pentagrama.

Os Deuses, as Estrelas e os Elementos

(Modo geral de montagem)

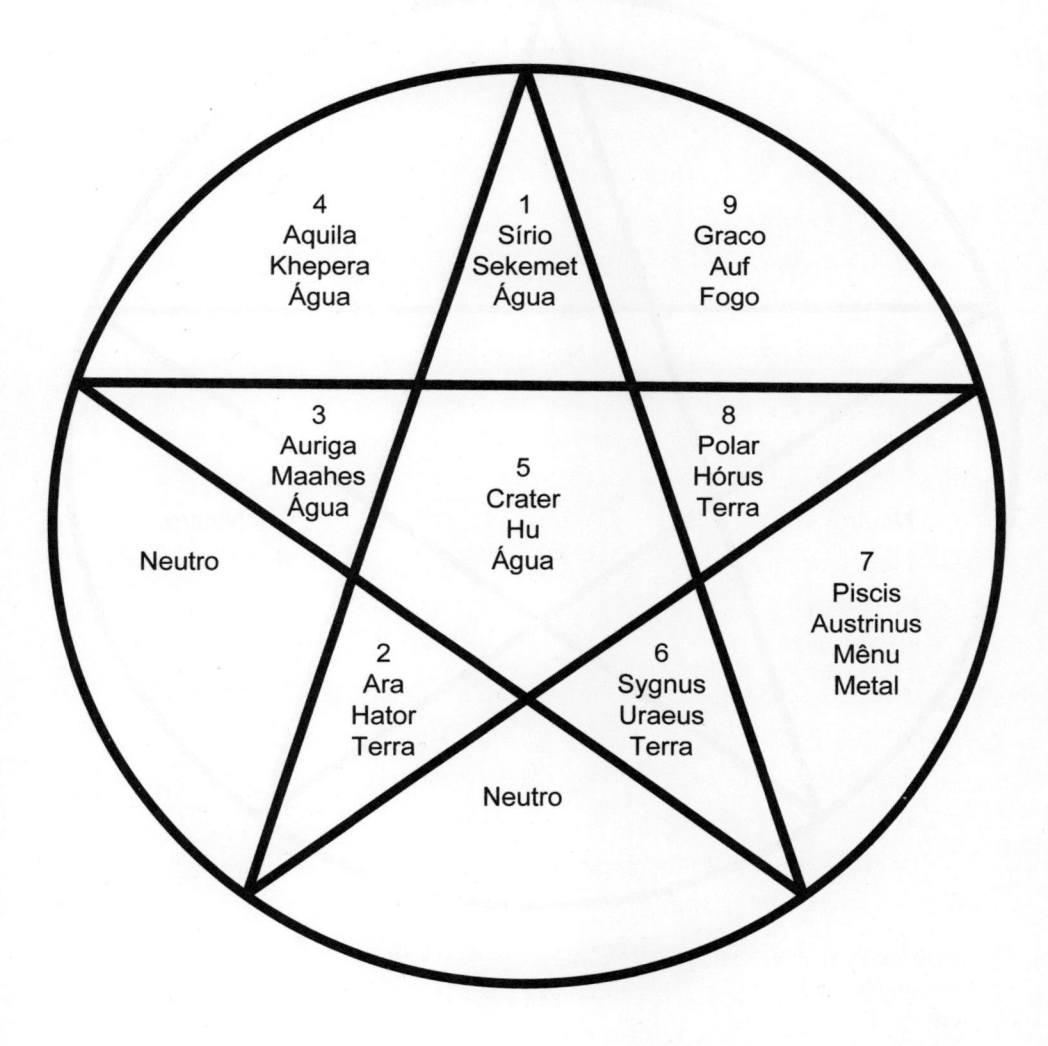

1
Sírio
Sekemet
Água

4
Aquila
Khepera
Água

9
Graco
Auf
Fogo

3
Auriga
Maahes
Água

5
Crater
Hu
Água

8
Polar
Hórus
Terra

Neutro

7
Piscis
Austrinus
Mênu
Metal

2
Ara
Hator
Terra

6
Sygnus
Uraeus
Terra

Neutro

A Pessoa

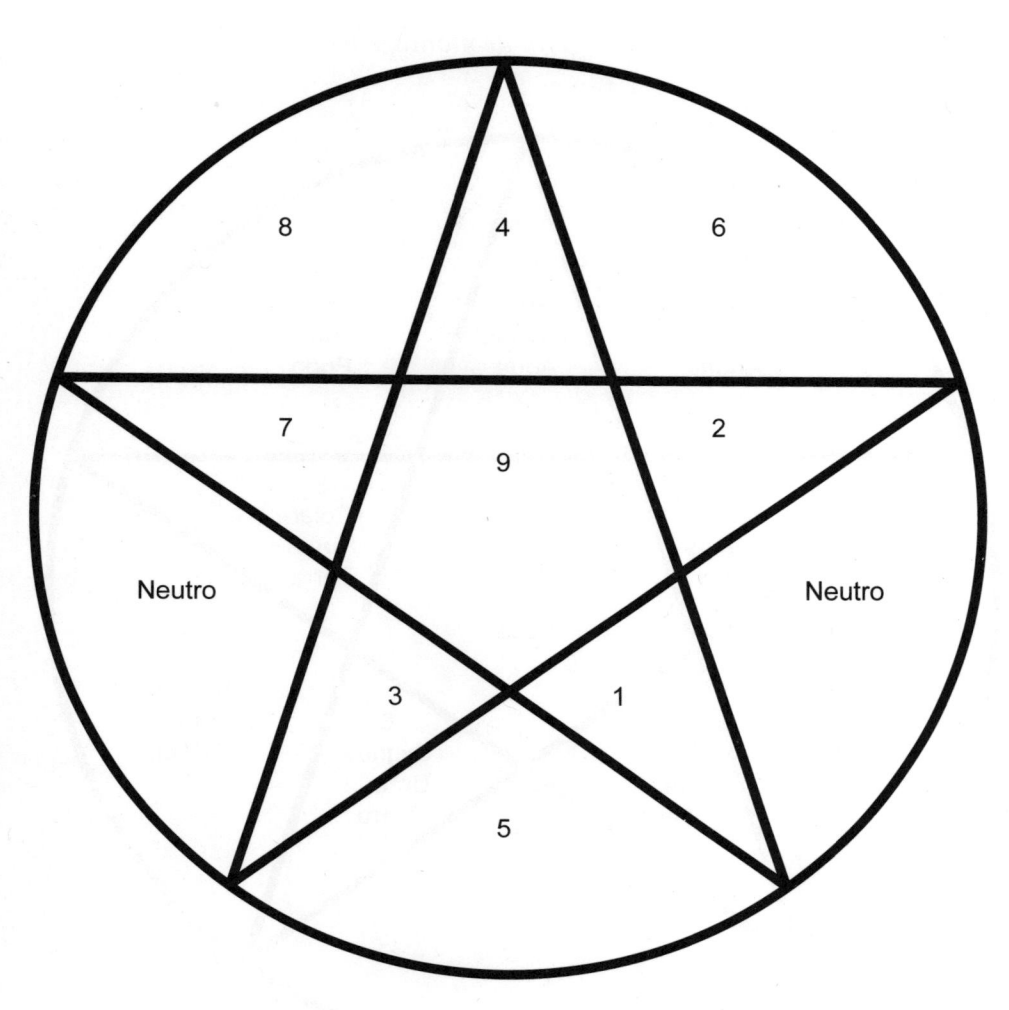

Início – o centro: 9
Direção Norte: 1
Sudeste: 2
Leste: 3
Norte: 4
Nordeste: 5
Sudoeste: 6
Oeste: 7
Noroeste: 8
Montamos, portanto, da pessoa.

O Pai

Representado pelo número 1.

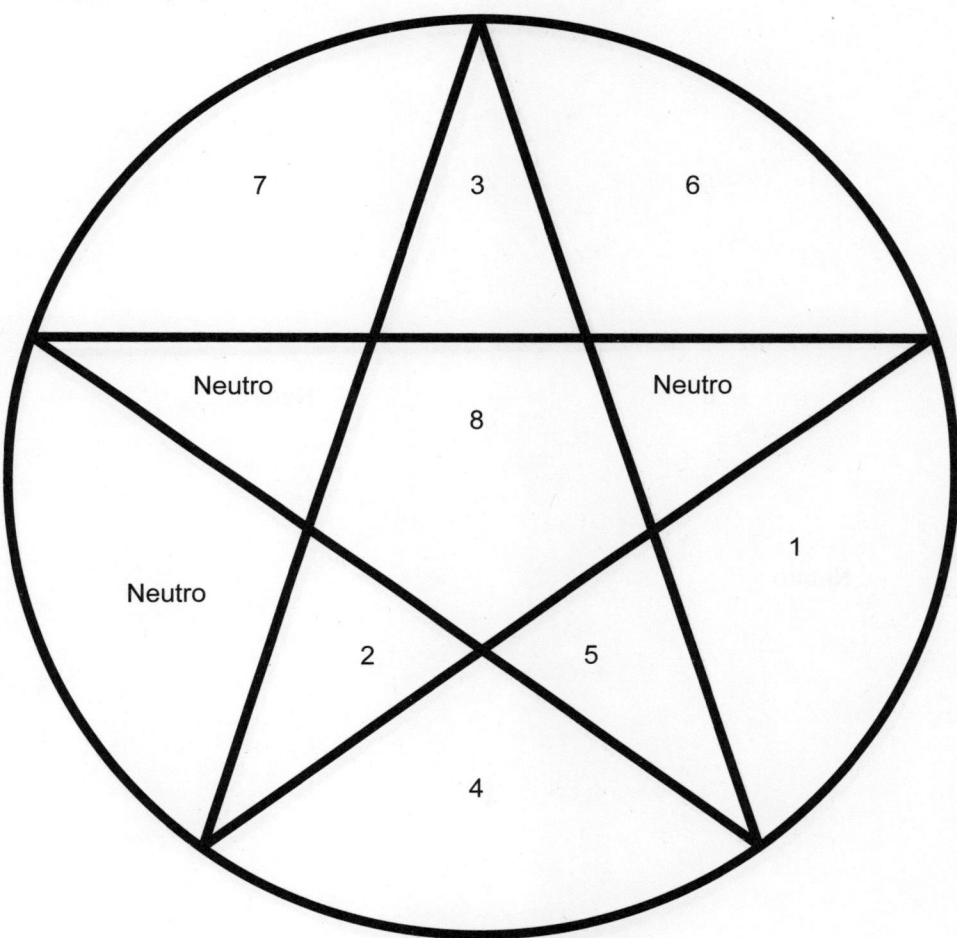

Início – o centro-leste: 9
Direção Sudoeste: 1
Leste: 2
Nordeste: 3
Sul: 4
Sudoeste: 5
Noroeste: 6
Oeste: 7
Noroeste: 8
Montamos, portanto, do pai.

A Mãe

Representada pelo número 9

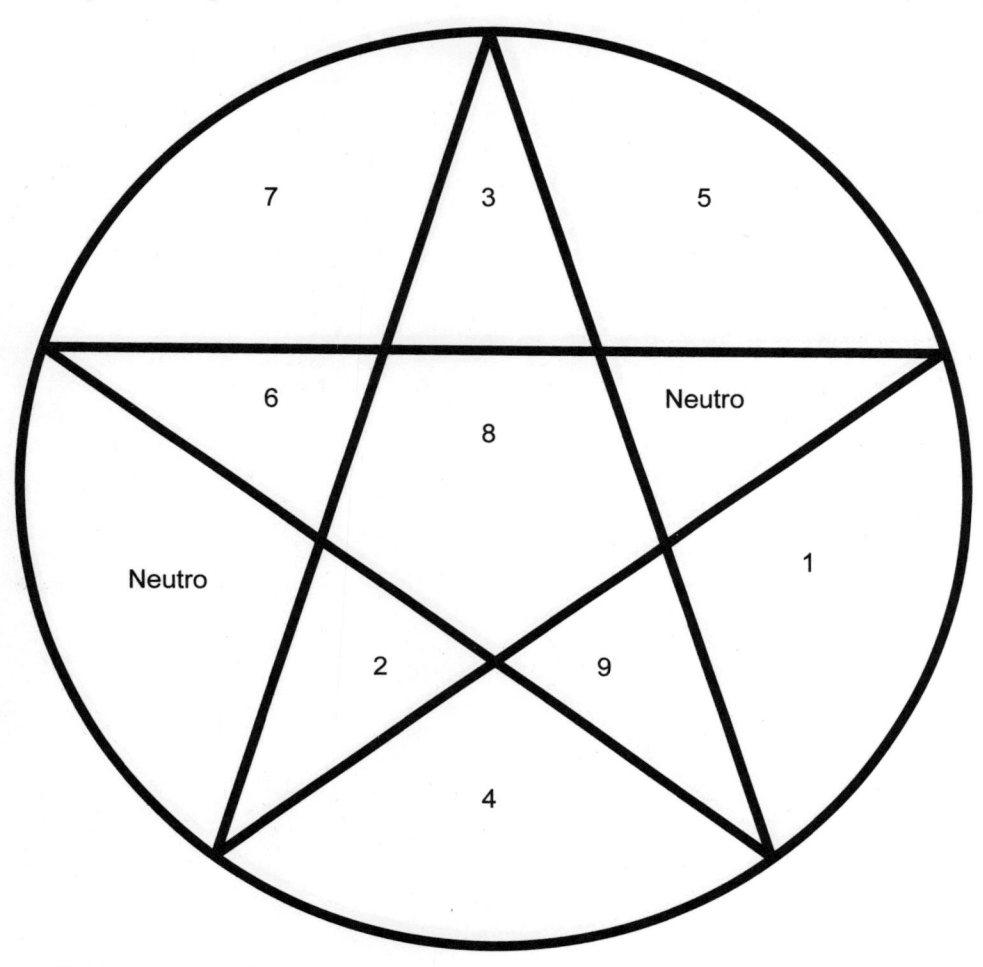

Início – centro-sul: 8
Direção Norte: 9
Sudeste: ponta 1
Sudoeste: margem 2
Leste: 3
Sudoeste: ponta 4
Oeste: margem 5
Oeste: 6
Noroeste: 7
Montamos, portanto, da mãe.

A Família

Montamos, portanto, a família como um todo.
OS DEUSES
AS ESTRELAS
E OS ELEMENTOS
BASE (FIXA)

O que deve ser lembrado:

Água é inimiga do fogo;

Fogo é inimigo da madeira;

Metal é inimigo do fogo; e

Madeira é inimiga do fogo.

Porque a água apaga o fogo;

O fogo destrói a madeira;

O fogo derrete o metal; e

O fogo se alimenta da madeira.

Citando mais um exemplo: temos, portanto, uma pessoa que nasceu na regência do fogo. Quando entra nas casas de água, o período é de muita cautela, poderá haver perdas, rompimentos.

Mas quando entrar na casa da madeira, do metal e do fogo, o período é extremamente positivo, com mudanças excelentes, principalmente no plano profissional.

Capítulo 9

As Possíveis Previsões do Oráculo

"... Estás em meu coração,
não há mais ninguém que te conheça
senão Nefer-Pheperu-Ua-En-Rá,
a quem teu desígnio e poder dispuseram que fosse sábio!
Foi por tua mão que o mundo passou a existir,
assim como o criaste.
Quando surges eles vivem; quando te pões eles morrem.
Viveste todos o dias e todos vivem em ti.
Os olhares se detêm ante a tua majestade
até que te ponhas; então quando
te pões à direita (isto é, no Ocidente), todos os labores são deixados de lado."

Hino em homenagem a Aton
(21ª dinastia)

Por existir o universo estelar é que existem as nove estrelas. Falamos no capítulo anterior que, no antigo Egito, tudo que havia no mundo estava relacionado com as posições estrelares, aos deuses, à natureza e ao ser humano também, ou seja, para tudo existia um motivo, uma causa e o efeito como consequência, e a razão para existir; portanto, para tudo existe um motivo.

Utilizaremos a matemática como raciocínio, por sua lógica absoluta, porque para tudo existe uma reação (atos, palavras e pensamentos). Então, tudo o que existe tem número, peso ou quantidade, ou seja, a reação (atos, palavras e pensamentos), mas retorna como forma de sofrimento (atos, palavras e pensamentos). É um sistema exato e provoca esse sofrimento, o que no Budismo é chamado de carma, ou seja, é a reação em forma de pensamentos, de atos e palavras.

O maior objetivo realmente sempre será da melhoria do ser humano, como componente máximo do Universo e como a força que gera e mantém toda essa energia, que poderá ser positiva e negativa, depende dos ascendentes familiares (inclusive cônjuge); inicialmente estudaremos as negativas.

Previsões básicas de cada posição estelar

Quando a pessoa entra na casa da estrela CINCO Crater – regência terra:

Fica muito agitada e nada se concretiza como o esperado, a pessoa está como um navio na tempestade: é jogada de uma situação para outra sem ter condições de se fixar.

Por causa das perdas anteriores, aceita qualquer incumbência sem pensar em profundidade e, provavelmente, acarretará mais perdas.

Poderá ainda mudar de emprego ou residência, mas não tem um local fixo. Está sujeita a doenças nervosas, desperdício de dinheiro ou de situações que seriam propícias.

Na casa da estrela SEIS Cygnus – regência metal:

A pessoa está em uma fase em que começa a se sentir superior às demais, por isso acontecem desavenças e atritos; como consequência, perde as possibilidades boas.

Está muito mais preocupada com futuro do que com as coisas objetivas e concretas.

Poderá ocorrer mudança de casa ou uma viagem a negócios, mas o período não está muito positivo. Deve-se recomendar cautela nos negócios que envolvam grandes somas de dinheiro, porque poderá haver decadência por causa de sua própria incompreensão e ganância.

Na casa da estrela SETE Piscis Austrinus – regência metal:

Poderão surgir conversas desencontradas sobre negócios e dinheiro.

Problemas de relacionamento (amor e negócios). Como está com muito ciúme, poderá haver separações e intrigas.

A pessoa discute muito e sem razão nenhuma.

Deve ter cautela com mentiras e falsidades.

O período é muito propício para lucros financeiros, mas no lado pessoal, por causa da própria pessoa, está muito complicado.

Perigo para quem tem vida noturna, principalmente com bebidas.

Na casa da estrela OITO Polar – regência terra:

Haverá mudanças de casa ou trabalho, o que será muito positivo.

Está faltando harmonia para que as coisas positivas possam acontecer.

A pessoa está em um período de egoísmo, por isso as coisas não se concretizam.

Na casa da estrela NOVE Graco – regência fogo:

Poderão surgir preocupações com documentos, principalmente com a justiça, com assinaturas de documentos importantes ou contratos.

Está pensando muito superficialmente e com muita vaidade. Como pensa de modo superficial, poderá ser tapeado e terá muitos prejuízos.

Nesta casa sempre terá problemas com o sexo oposto e dinheiro.

Na casa da estrela UM Sírio – regência água:

Poderão ocorrer falsidades em relação a pessoas em que confia muito, cuidado com roubos (assalto ou mesmo furto); a situação é perigosa para todo tipo de traição.

Não é propício para mudanças de emprego ou moradia.

Cautela com perda de bens e valores e com egoísmo excessivo; se não mudar sua postura, haverá perdas.

Na casa da estrela DOIS Ara – regência terra:

Momento propício para mudança de casa, mas não de trabalho.

É um período de preocupações, inclusive com parentes.

Poderão ocorrer desentendimentos com familiares.

Os problemas que estavam parados mudarão de rumo e terão solução favorável.

A pessoa está numa encruzilhada, sem saber que rumo tomar.

Deve ter muita cautela, porque um dos caminhos leva à vitória e o outro, à derrota; portanto, recomenda-se muita atenção na análise desse período.

Na casa da estrela TRÊS Auriga – regência água:

A pessoa planeja coisas novas e mudanças repentinas, mas o momento não é propício para isso.

Deve ter paciência para resolver as coisas, precipitação acarretará perda.

Está procurando auxiliar outras pessoas, mas está atraindo traição.

Alguma coisa que planeja há algum tempo poderá pôr em prática, pois terá sucesso.

Poderá ser elevada a uma posição muito superior, com melhorias na vida.

Cautela com raiva excessiva e para não entrar em conflito com os superiores.

Na casa da estrela QUATRO Aquila – regência madeira:

Período de cautela, poderá haver avanço ou retrocesso, convém prevenir para ter muito cuidado com a indecisão e as dúvidas.

Momento propício para viagens.

Coisas que estavam paradas, sem andamento, poderão ser prorrogadas ainda mais (documentos).

Há possibilidade de casamento.

Cuidado com os pensamentos individuais e boatos, que poderão atrair traições.

O que deverá ser levado em consideração

O ciclo completo sempre será de 12 anos, sendo dois neutros, dois negativos e oito positivos, mas sempre será de acordo com a posição da família, a estrela e o elemento regente.

Vamos raciocinar assim:

O ano no planeta Terra tem quatro estações: primavera, verão, outono e inverno. O mesmo acontece energeticamente com todas as pessoas que habitam o planeta, porque todos possuem compulsões e atitudes egocêntricas e, consequentemente, carmas em forma de sofrimento. Por essa razão, os destinos das pessoas também oscilam de acordo com os períodos das estações, em um ciclo de 12 anos em que se completam as mudanças. Isso porque no antigo Egito se usava o calendário solar e não o lunar. O calendário gregoriano foi levado para Roma quando da conquista romana do Egito por Júlio Cesar.

A partir do calendário gregoriano, mudaram-se completamente as datas dos solstícios e dos equinócios no mundo, mas lembrem-se sempre de que vocês estarão utilizando o calendário egípcio, no qual o ano se inicia exatamente no dia 9 de março.

A casa da estrela Polar, posição oito, deus Hórus:

Sempre será neutra, é o início do período de movimentação do destino negativo ou período de movimentação cármica.

A casa da estrela Graco, posição nove, deus Auf:

Sempre será neutra, intercalada com períodos negativos, é o início do período de movimentação cármica; a maior cautela é com a atividade profissional.

A casa da estrela Sírio, posição um, deusa Sekhmet:

Sempre será negativa, intercalada de períodos neutros, é o ápice da movimentação cármica, consequentemente, da negatividade; a maior cautela é com a saúde, inclusive a dos familiares.

A casa da estrela Ara, posição dois, deusa Hator:

Sempre será neutra, com o início do período positivo, ou período de pouca movimentação cármica.

A casa da estrela Auriga, posição três, deus Maahes:

Início do período positivo; a energia retorna fluindo positivamente.

A casa da estrela Aquila, posição quatro, deus Khepera:

Período muito positivo, com mudanças favoráveis.

A casa da estrela Crater, posição cinco, deus Hu:

Será sempre o melhor ano quando este ciclo surgir na vida da pessoa; a positividade atinge seu ponto máximo.

A casa da estrela Cygnus, posição seis, deusa Uraeus:

Será sempre período positivo, trazendo recuperação de situações perdidas.

A casa da estrela Piscis Austrinus, posição sete, deus Mênu:

Em continuidade aos quatro anos anteriores, o período ainda é positivo, mas a pessoa já deverá ter cautela em decisões importantes, porque no ano seguinte entrará na neutralidade do ciclo.

Vejamos, portanto, que cada casa leva às mudanças, alterações e mudanças positivas e negativas na vida da pessoa. Apesar de que as associações positivas e negativas lhes serão transmitidas separadamente.

A casa da estrela Crater, posição cinco, elemento terra, deus Hu:

Esta é a casa mais forte de todas, é chamada a casa do rei ou do faraó. Quando a pessoa entra nessa casa, que é um local extraordinariamente positivo, mas também é muito forte, poderá ocorrer que outras pessoas se voltem contra ela e terá, então, tendência para ficar totalmente isolada dos demais.

É o ponto máximo que a pessoa poderá atingir nesse período de 12 anos; portanto, a partir do término deste ano, a tendência é descer paulatinamente, porque até atingir esse ponto subiu de forma vertiginosa.

A pessoa poderá estar muito ciente de que isso irá acontecer, mas poderá ocorrer que coisas boas ou ruins se alterem.

Haverá mudanças para os próximos quatro anos; se não teve no período muito positivo um comportamento exemplar, no negativo poderá ficar só e abandonada pelos amigos e familiares.

A casa da estrela Cygnus, posição seis, elemento metal, deusa Uraeus:

Depois de chegar ao ápice vem a descida, o declínio da energia positiva. Dependerá também de como a pessoa agiu quando estava no período positivo ou no ápice da boa sorte.

Ela deve ser alertada para uma possível decadência na sorte; precisará manter otimismo, realismo e firmeza nas futuras decisões; isso poderá auxiliar e muito.

Há possibilidade de haver desencontros e o afastamento das pessoas que colaboravam, e não conseguirá tomar as decisões mais corretas ou sensatas.

A casa da estrela Piscis Austrinus, posição sete, elemento metal, deus Mênu:

É chamada casa da alegria ou casa do dinheiro, seria o outono surgindo. É uma casa positiva ainda, porém um pouco mais fraca que os anos anteriores; mas como a pessoa está no declínio da sorte, entrando em um período neutro, tudo deverá acontecer de forma mais lenta.

A pessoa deve ser orientada para evitar a superficialidade das coisas.

O período já não é propício para novos empreendimentos e mudanças bruscas nas condições de sua vida.

Normalmente, nesta casa, a pessoa é levada a projetar e empreender coisas novas, porém não deve se descuidar, porque se fizer algo errado ou mudanças que não deveriam ter sido feitas, as consequências virão no próximo ano.

Geralmente os grandes empreendimentos iniciados nesse ano poderão terminar em um fracasso total, deve lembrar que terá pela frente dois anos negativos e mais um neutro.

A casa da estrela Polar, posição oito, elemento terra, deus Hórus:

Esta é a casa das mudanças, pois possibilita alterações bruscas na vida da pessoa.

É um ano perigoso porque, dependendo das condições da energia carmática da família, entrará em um período em que os próximos cinco anos poderão ser negativos.

Estará em um momento de insegurança total, é muito difícil a pessoa conseguir colocar a vida em ordem de uma hora para outra, tudo deverá ser muito demorado.

É um ano de muita cautela, principalmente com a saúde.

A casa da estrela Graco, posição nove, elemento fogo, deus Auf:

É a casa da separação das pessoas queridas, ou a separação das pessoas mais próximas.

É um período em que poderá haver muitos problemas com a justiça.

Coisas e situações erradas praticadas no passado poderão aparecer nesse ano, ou seja, as coisas erradas escondidas tendem a ser descobertas inesperadamente. Mas as boas ações praticadas no passado também poderão surgir.

Existe a possibilidade de se tornar uma pessoa famosa.

Poderá haver mudanças de casa e trabalho; cautela será sempre recomendada nesta casa, principalmente com a saúde.

A casa da estrela Sírio, posição um, elemento água, deusa Sekhmet:

Esta casa apresenta uma situação inversa, ou seja, esse ano será muito difícil, colocando a pessoa em uma situação complexa.

Seria o ápice do inverno, quando a negatividade atingirá seu ponto máximo, trazendo perdas, separações e contínuo sofrimento.

É um período de sérios obstáculos, a pessoa tende a ter dificuldades em tudo que planeja e nada consegue realizar.

A doença poderá se agravar muito.

Os negócios apresentam-se com muitas perdas e inúmeras dificuldades, podendo chegar à falência.

É um período muito ruim nas três áreas da vida da pessoa: amor, negócios e saúde.

Período de extrema cautela em todas as decisões, o ideal é tomar decisões importantes no próximo ano; deve protelar tudo o máximo possível.

A casa da estrela Ara, posição dois, elemento terra, deusa Hator:

Inicia-se a casa do progresso satisfatório; é quando a pessoa começará uma situação de pleno crescimento e satisfação, além de melhoria da sorte.

São as características da terra e está posicionada no começo e no fim; seria a casa da morte, porque termina um período e se inicia outro, quando um morre e outro nasce; é o renascer da sorte e das situações positivas na vida da pessoa.

É como se caísse uma chuva mansamente morna, facilitando a germinação dos grãos e das sementes na terra. Quando a pessoa entra nesta casa, procura pôr a vida em recomeço mais saudável, e com esforço e trabalho consegue, tornando-se independente, colocando em prática todos os projetos.

Sempre existirá a necessidade de um reinício em todos os sentidos na vida, inclusive as pessoas com idade avançada em se sentir mais empreendedoras; é a necessidade de mudanças na vida, que é propiciada pela primavera.

Nesta casa, todos os esforços despendidos serão reconhecidos; trata-se da casa das boas possibilidades de progredir, mas deverá contar com o apoio de alguém superior.

A casa da estrela Auriga, posição três, elemento madeira, deus Maahes:

É a casa que tem o sentido de vibrar, chocoalhar; é onde inicia o aparecimento de coisas escondidas.

A pessoa poderá ser reconhecida pelo esforço, os objetivos poderão ser concretizados e os esforços de longa data serão recompensados. Considerando que a pessoa está sempre em movimento, vibrando, tem a tendência de mudar de profissão e de residência, e o período é muito positivo para isso.

Poderão surgir doenças que estavam inativas no interior da pessoa. É uma casa excelente, mas se a pessoa persistir com negatividade e perdas, provavelmente é porque existe na família um carma de antepassados em extremo sofrimento.

A casa da estrela Aquila, posição quatro, elemento madeira, deus Khepera:

É o segmento da casa anterior; logo, trata-se da casa da sorte, em que tudo precisará ficar em ordem e os objetivos deverão ser concretizados. É hora de aprimoramento pessoal e profissional na vida da pessoa.

O momento estará propício a mudanças, mas como se aproxima do período neutro e negativo, a pessoa poderá ficar instável e com tendências a mudanças negativas, principalmente a partir do mês de outubro daquele ano, mas dificilmente haverá fracassos nesta casa.

Os aspectos positivos que também devem ser interpretados e transmitidos para a pessoa são:

A casa da estrela Crater, posição cinco, elemento terra, deus Hu:

Em continuidade ao ano que passou, é um ano muito positivo.

A pessoa terá estabilidade nos empreendimentos e na vida profissional como um todo. É onde o vigor atingirá seu ponto máximo.

É o ano em que a pessoa poderá conquistar a credibilidade da sociedade, da família e da vida profissional.

A casa da estrela Cygnus, posição seis, elemento metal, deusa Uraeus:

É o ano em que o vigor se tornará favorável, será positivo para as mudanças físicas e mentais e todas as situações da vida da pessoa.

A casa da estrela Piscis Austrinus, posição sete, deus Mênu:

O vigor dos anos anteriores está em uma trajetória descendente; quem tomou medidas sábias para sua vida com calma e equilíbrio, conseguirá a estabilização e direcioná-la favoravelmente.

É um ano de grandes mudanças, em que a sorte e o declínio dela poderão acontecer com iguais probabilidades.

A casa da estrela Polar, posição oito, deus Hórus:

É o ano em que haverá estabilidade nas conquistas dos anos anteriores e que foram muito positivas. A pessoa deverá ter cautela com as decisões que irá tomar daqui para a frente, porque as coisas poderão ser muito vistosas e aparentemente favoráveis, mas não deve se descuidar, sendo precavida em decisões importantes, inclusive que envolvam situações profissionais ou grandes investimentos.

Não deverá ultrapassar seus limites; caso contrário, os próximos anos, que deverão ser neutros e negativos, poderão provocar perdas de difícil recuperação.

A casa da estrela Graco, posição nove, deus Auf:

É o ano em que ocorrem grandes mudanças; se houver direcionamento para período ou situações favoráveis, a partir desse ano isso continuará, e a tendência é melhorar por vários anos. Caso contrário, terá vários períodos de situações difíceis, será um ano decisivo em que o destino poderá levar a pessoa por caminhos opostos.

Precisará se esforçar muito para atrair energias positivas, para mudanças de situação que poderão ser adversas.

A pessoa precisará saber transformar uma energia ou situação adversa em favorável a si mesma.

A casa da estrela Sírio, posição um, deusa Sekhmet:

É o início de um ano de muitas dificuldades; poderão ocorrer problemas de separação na família, cônjuge ou da pessoa em quem se apoiava muito. Isso não é apenas na vida pessoal, poderá haver perda de emprego e doenças. Alertar para algo que poderá ser muito vistoso, mas há possibilidade de a pessoa ser enganada por terceiros, acarretando grandes perdas.

Nesse ano, coisas que estavam ocultas podem tornar-se públicas; assim, atos ruins cometidos no passado podem ser descobertos, abalando a credibilidade da pessoa, mas as virtudes e as coisas positivas também praticadas no passado poderão ter o devido reconhecimento.

A casa da estrela Ara, posição dois, deusa Hator:

Deverá ser um ano de adversidade e o sofrimento atingirá seu nível máximo. Poderá ocorrer falência da empresa, bem como separação do casal, perda de emprego.

Será um ano de muita contrariedade e de maiores dificuldades representativas na vida da pessoa. As coisas más poderão acontecer de forma repentina, alterando radicalmente a vida dela.

Recomenda-se ter muita cautela nesse último ano negativo; a pessoa não deve se aventurar em novos empreendimentos, é péssimo para uniões e casamento.

Deverá ser recomendado também para a pessoa ter um comportamento virtuoso e se esforçar religiosamente até atravessar esse ano tão negativo.

A casa da estrela Auriga, posição três, deus Maahes:

O vigor lentamente se torna favorável. Nesse ano, se a pessoa se esforçar e trabalhar muito bem com atitudes e pensamentos positivos, terá resultados vistosos nos próximos quatro anos consecutivos, e o potencial da sorte crescerá gradativamente.

Ano positivo para mudanças de emprego, em que a sorte a estará levando por melhores caminhos.

O mais importante é que a pessoa veio de um longo período negativo, então esse é o período de mudanças. Esse é o momento da primavera, a sorte melhorará muito e uma grande chance poderá lhe surgir, portanto, não deverá perdê-la.

A casa da estrela Aquila, posição quatro, deus Khepera:

É o ano mais favorável, os talentos da pessoa deverão ser reconhecidos e um desejo há muito acalentado poderá ser realizado. Os novos projetos, em todos os sentidos da vida, poderão ser postos em andamento.

Em continuidade ao ano anterior, o período é bastante positivo e todas as decisões tomadas com cautela e equilíbrio serão muito vantajosas para a pessoa. Seria o ano dos fatos com sucesso e mudanças positivas.

Conclusão

Vimos, portanto, que o Oráculo Egípcio, apesar de ser extremamente complicado e difícil, é também muito simples. Ele poderá auxiliar as pessoas de forma objetiva para se compreenderem melhor, verificando o tempo de movimentação cármica e como conseguir se safar dos períodos negativos, sempre em busca de melhorar a vida das pessoas.

De maneira bastante original, dinâmica e com muita honestidade, aqui escrevi da mesma forma que há muito tempo eu recebi de meu mestre. Tenham certeza de que procurei simplificar e transcrever como me foi dito.

Espero, sinceramente, que todos aqueles que se dedicarem a um trabalho honesto, visando exclusivamente à melhoria das pessoas, encontrem uma forma simples, autêntica e completa para se auxiliarem e aos demais.

Façam bom uso desta técnica milenar. Assim como ela guiou faraós, reis, filósofos e guerreiros para suas conquistas e saírem vencedores de suas batalhas, vocês com certeza também conseguirão.

Que a Luz máxima os acompanhe sempre e ilumine suas mentes, quando estiverem consultando o oráculo egípcio, escrito pelo sábio Tehuti e aprimorado por Imhotep.

Muito obrigado!
Gilberto Luiz Baccaro

Fontes Bibliográficas

A Bíblia Sagrada – Antigo e Novo Testamento – SBB.

A Odisseia dos Essênios – Hugh Schonfield – Ed. Mercuryo.

A Voz do Antigo Egito – Mr. F. V. Lorenz – FEB.

Bibliografia – Mr. Howard Carter – Museu Britânico – London.

Enciclopédia Barsa – Ed. Britânica.

Metropolitan Museum of New York – USA.

Mr. Mark Lehner – Diretor do Projeto de Mapeamento do Platô de Gizé.

Museu do Louvre – Paris – Dr. Christopher Barbotin.

O Antigo Egito – Biblioteca de História Universal Life – Ed. J. Olympio.

O Segredo da Esfinge – F. L. Oscott – Ed. Nova Fronteira.

Os Deuses Egípcios – Dr. Alan W. Shorter – Ed. Cultrix.

Reencarnação – J. H. Brennan – Ed. Hemus.

The Chester Beaty Papyri – Dr. A. H. Gardiner.

Time Live Books – Mr. Henry Woodhead – Ph.D. Administration of Philip Brandt.

Time Live Books – Mr. Kit Van Tulleken – Ph.D. Museum of Berlin.

MADRAS® Editora

Para mais informações sobre a Madras Editora,
sua história no mercado editorial
e seu catálogo de títulos publicados:

Entre e cadastre-se no site:

www.madras.com.br

Para mensagens, parcerias, sugestões e dúvidas, mande-nos um e-mail:

marketing@madras.com.br

SAIBA MAIS

Saiba mais sobre nossos lançamentos,
autores e eventos seguindo-nos no facebook e twitter:

@madrased

/madraseditora